KB073783

병든 몸을
건강한 몸으로 바꾸는
8가지 기공 비결

30년간 국내와 해외를 누비면서 천신만고 끝에 모은 기공의 정화!

병든 몸을
건강한 몸으로 바꾸는
8가지 기공 비결

이태현 지음

좋은땅

당신도 낫기를

당신은 왜 이 책을 읽어야 할까. 그건 바로 이 책 속에 당신의 병든 몸을 건강한 몸으로 바꾸는 가장 뛰어난 기공 비결이 들어 있기 때문이다.

어릴 적 나는 낙상사고로 코를 크게 다쳐 연일 코피를 수도꼭지 틀어 놓은 것처럼 쏟았다. 10년간 국내 유수의 병원 이비인후과를 제 집 드나들 듯 들락거리며 치료를 받았다. 이비인후과에서는 젓가락처럼 생긴 은색 대롱을 콧구멍에 깊숙이 쑤셔 넣어 코의 터진 혈관을 지져 댔고, 매일 집에선 수시로 면봉에 혈관을 봉합하는 연고를 묻혀 콧속 깊이 발랐으며, 병원에서 처방한 약을 꼬박꼬박 먹었다. 그야말로 의사의 말을 고분고분 잘 따르는 순한 양과도 같았다. 이 밖에도 운동, 지압, 음식 요법 등 안 해 본 것 없이 다 해 보았다. 그렇지만 백약이 말짱 무효였다. 말하자면 현대 의학 기술로는 딱 거기까지였다. 제아무리 좋은 최신 의학 기술로도 내 코피는 멎질 않았다. 그래서 결국 나 스스로 치료 방도를 찾아 나섰다. '내 병을 고칠 방도가 이 세상 어딘가에 분명 있을 거야.'

지성이면 감천이라고, 내가 쏟은 정성 때문인지는 몰라도 나는 한 서점에서 우연히 마보참장(馬步站桩, 한 자리에 서서 꼼짝 않고 있는 기공)을 알게 됐다. 그때까지 코피를 멎게 하려고 정말이지 온갖 것을 다 해 보았지만 아무 소용이 없었다. 그래서 마보참장을 알고도 그걸로 내 병이 나으리라곤 아예 기대하지도 않았다. 하지만 마보참장은 실로 놀라운 효과가 있었다. 결론부터 말하면, 나는 6개월 만에 10년 동안 지긋지긋하게 달고 살아온 코피에서 홀연히 벗어났다.

　마보참장으로 얻은 것은 비단 병에서 자유로워진 것만이 아니다. 정신까지 확 바뀌었다. 이전에는 하루하루가 잿빛 하늘 아래 우중충한 나날이었다. 마보참장을 하고 나서는 하루하루가 기운 생동하는 봄날 같았다. 눈부셨다. 몸에 활기가 가득 넘쳤고 마음에도 어떤 때보다 의욕과 자신감이 넘쳤다. 하루하루가 이보다 더 좋을 수는 없었다. 이는 뒤에 깨닫게 되었지만, 신체에 기운이 가득 차오르면 어느새 신체 쪽에서 정신 쪽으로 기운이 흘러 들어가기 때문이었다. 다시 말해 정신에 기운을 공급할 만큼 신체의 기운이 충분해진 탓이다.

　이후 나는 이 놀랄 만한 기공의 경이로움에 푹 빠져들었다. 기공을 더 배우기 위해 시간과 노력과 돈을 들이기를 결코 주저하지 않았다. 그간 투자한 돈은 대략 2억 원이 넘는다. 27년간 중국, 일본, 타이완, 이탈리아, 스페인 등 비행기를 타고 동서양을 넘나들면서 기공 비결을 모을 수 있는 대로 모았다. 여기에, 그전에 국내에서 3년간 기공 비결을 모은 것까지 더하면 도합 30년의 세월이다.

나는 이렇게 기공 비결을 계속 모으면서 한편으로, 모은 기공 비결들을 단련해 나갔다. 그 와중에 모든 기공 비결들이 한 가지 공통점이 있다는 걸 깨달았다. 그건 바로 기공 비결은 복잡할수록 효과가 떨어지고, 단순할수록 효과가 높아진다는 점이었다. 한마디로 가장 단순한 것이 가장 효과가 좋았다.

나는 지금도 끊임없이 기공 비결을 모으고 있다. 매년 비행기를 타고 한두 차례 해외로 나간다. 그곳에 가기 위해 비행기를 타고 몇 시간씩 걸리더라도, 때론 며칠이 걸리더라도 전혀 개의치 않는다. 왜냐면 그렇게 날아간 곳에서 한 가지 기공 비결이라도 얻는다면, 그걸로 병든 사람의 몸을 건강한 몸으로 바꿔 줄 수 있기 때문이다. 그러므로 어떤 수고와 노력이 들어도 나는 전혀 상관하지 않는다.

이 책을 손에 펼쳐 든 당신은 아마 현재 몸에 이상이 있거나 병이 들었거나, 그도 아니면 이상이 있지도 병든 것도 아닌 상태일 수 있다. 하지만 사람 중에 완전히 건강한 사람은 없다. 우리 주변에는 결코 아프지 않을 것 같은 아주 멀쩡하고 건장하던 사람이 어느 날 하루아침에 병을 얻어 몰골이 초췌해지는 경우가 다반사이다. 즉, 건강은 누구도 호언장담할 수 없다. 건강은 건강할 때 미리미리 챙겨야 한다.

이 책에 담긴 기공 비결은 30년간 국내와 해외에서 수집한 기공 비결을 집대성한 것이다. 대중들에게 커다란 유익을 가져다줄 수 있는 것을 엄중히 골랐다. 어깨의 극심한 통증을 덜어내고 해소하는 것, 위장에 생기는 여러 질환을 손쉽게 낫게 하는 것, 매일 피로에 찌들고 무기력한 나날을 보내는 사람이 기력을 빠르게 증강할 수 있는 것 등등. 총 8가지의 기공 비결을 엄선해 대중들의 병든 몸을 건강한 몸으로 바꾸는 데 도움이 되고자 했다.

물론 이 8가지의 기공 비결이 만병통치약은 아니다. 그러나 어떤 약보다도 어떤 음식보다도, 이 책에 있는 기공 비결은 당신의 기를 회복하고 보충하고 원기 왕성하게 하는 데 단연코 뛰어나다.

중국 속담에는 이런 말이 있다.

"약으로 기를 보충하는 것은 음식으로 기를 보충하는 것만 못하다. 음식으로 기를 보충하는 것은 기로 기를 보충하는 것만 못하다."

지금까지 이 약 저 약을 먹어 기를 보충해 왔다면, 또는 이 음식 저 음식을 먹어서 기를 보충했다면 이젠 직접 기로 기를 보충해 보는 건 어떨까. 기공 비결은 기로 기를 직접 보충하는 방법이다.

이 책 속의 기공 비결들을 당신이 배우고 꾸준히 단련해 나가면 분명 당신은 어떤 약이나 음식보다 훨씬 더 빠르게 기가 충만해져 가는 것을 느낄 것이다. 이에 더해 매일매일 점점 더 원기 왕성해지는 것을 몸소 경험할 것이다. 기공 비결을 익혀 온 사람들이 모두 그런 경험을 해 왔기 때문이다.

당신의 병든 몸은 기공 비결을 통해 건강한 몸으로 바꿀 수 있다. 기공 비결은 인체 내에 잠재돼 있던 인체를 치료할 수 있는 최선의 힘과 능력과 지혜를 이끌어 내 온 모든 인체의 오랜 역사이다.

인체 내의 유전자에는 인체를 치료할 수 있는 모든 힘과 능력과 지혜가 모두 갖추어져 있다. 인간이 지구상에 존재한 이래의 모든 힘과 능력과 지혜가 유전자 속에 고스란히 누적돼 있다. 다만 대부분의 사람은 그 유전자 속의 힘과 능력과 지혜를 어떻게 꺼내 쓸지 알지 못한다. 하지만 어떤 사람들은 자신의 일생을 기꺼이 다 바쳐 연구를 통해 그것을 실제로 사용할 수 있는 기술과 방법을 마침내 알아냈다. 그 결과, 그들은 다른 사람들이 사용하지 못하는 비밀의 힘을 가지게 됐다. 그리고 그 방법을 자신의 후손에게 비밀리에 전해 주었다.

오늘날에도 이런 방법들을 전수받은 극소수의 사람들이 전 세계 곳곳에서 살고 있다. 그들은 이 방법들, 즉 비결들을 통해서 자신의 신체를 건강하게 원기 왕성하게, 그리고 그에 더해 더욱 진화하게 만들어 가고 있다. 나는 그런 비결들이 일부의 소수에게만 독점되어서는 안 된다고 줄곧 생각해 왔다. 만약 병든 사람이 그런 비결 중 하나만이라도 얻는다면 그의 삶은 이전과는 딴판이 될 것이다. 그는 비결을 얻어 일생동안 더없이 건강하고 행복하고 원기 왕성해질 것이다. 그런 삶을 영위해 갈 수 있다.

이 책에서 나는 전 세계의 산과 바다와 계곡을 가리지 않고 넘나들면서 천신만고 끝에 얻은 극소수만이 알고 있는 기공 비결들을 소개하고자 한다. 당신도 이 기공 비결을 배우고 익혀서 당신의 것으로 체화하면 분명 이전보다 더 건강하고 더 원기 왕성한 상태를 경험할 수 있을 것이다. 몸이 가장 훌륭한 상태로 거듭남을 알 수 있을 것이다.

나는 이 책을 쓰기에 앞서 한 가지 간절한 바람을 가슴속에 품었다.

당신이 이 책을 읽고 병든 몸을 건강한 몸으로 바꾸고 그에 더해 더 원기 왕성해지기를 말이다. 만약 당신이 그렇게 바뀌어 간다면 나는 책을 쓴 저자로서 더할 나위 없는 기쁨을 느낄 것이다.

　　당신이 낫기를, 당신이 더 건강하기를, 당신이 더 원기 왕성해지기를!

이태현

목차

제2장 병든 몸을 건강한 몸으로 바꾸는 8가지 기공 비결

제3장 비결 중의 비결, 내경일지선 마보참장

당신 안에 감춰진 풍부한 에너지를 찾아내
몸의 모든 부분에 활기를 불어넣어 보십시오.

– 조셉 머피

제1장

병든 몸을 건강한 몸으로
바꿀 수 있다

01
병을 고치는 비결은
지극히 간단하다

여러 가지 가능성이 있을 때는 가급적 단순한 답을 찾는 것이 과학의 원칙이다. _ 김상욱

중국에는 '대도지간(大道至簡)'이란 말이 있다. '위대한 방법은 지극히 간단하다.'라는 뜻이다. 이는 방법이 복잡할수록 오히려 효과는 더욱 떨어지는 반면, 방법이 간단해질수록 그 효과는 더욱 올라간다는 것을 의미한다. 병을 고치는 비결도 그러하다. 복잡함에서 단순함으로 갈수록 치료 효과는 더욱 상승한다.

27년간 중국을 다니면서 나는 기공을 익혔다. 그간 적지 않은 고액의 수업료를 지불하며 중국의 기공 사부들에게서 그들의 기술과 노하우를 익혔다. 만약 내가 고액의 금액을 지불하고 기공을 배우지 않았다면 지금쯤 정말이지 땅을 치고 후회했을 것이다. 그만큼 큰 가치가 있는 것들이었다.

기공 사부에게서 배운 기술과 노하우는 전적으로 달랐다. 혼자서는 결코 알 수 없고 상상할 수 없는 여러 신기한 방법을 그들은 가지고 있

병든 몸을 건강한 몸으로 바꾸는
8가지 기공 비결

었고, 또한 그것들을 자신의 제자들에게 비밀리에 가르쳐 주고 있었다. 그중엔 병을 고치는 놀라운 효능을 지닌 치료 비결이 적지 않았다.

한두 사람만이 그런 놀라운 치료 비결을 알고 있다면 그 손실은 실로 막대하다. 인류의 건강을 증진할 수 있고 행복을 더해 주는 방법들이 사장된다면 그것보다 안타까운 일은 없을 것이다. 그래서 난 기를 쓰고 매년 중국으로 건너가 그들의 기공 비결을 배웠다.

한 해 한 해 새로운 기공 비결을 익히면서 나는 그 비결들 사이에 공통점이 있다는 걸 발견했다. 그건 기공 비결이 놀라우리만치 지극히 단순하다는 것이었다. 쓸데없이 화려한 동작을 할 필요도 없고, 쓸데없이 복잡한 상상을 일부러 하지 않아도 단순한 한두 가지 동작만으로도 얼마든지 오랫동안 앓아 왔던 고질병들이 속속 나을 수 있다는 것이었다. 병원에서 속수무책이라고 버려졌던 환자들이 그런 기공 비결들을 한두 가지 배우고서 건강을 빠르게 회복했고, 그에 더해 더 원기 왕성하고 더 활기찬 삶을 누렸다. '대도지간'이란 말이 현실에서 그대로 먹혀든 사례였다. 나는 중국에서 이것을 한두 번 목격한 것이 아니다.

현재 내가 운영하고 있는 기연구소에 병 상담을 신청해 오는 병자들이 있다. 나는 그들에게 이렇게 단언한다.

"병을 고치는 비결은 극히 간단합니다. 한두 가지만 잘 익혀 두면 평생 보험을 든 것처럼 자신의 병에 대해 안심하고 대비할 수 있습니다. 그 한두 가지 비결들은 결코 부작용이 없고 치료율도 현저히 높습니다."

일생 동안 자신의 병을 고치고 예방하며 건강하고 원기 왕성하게 살 수 있는 건강 비결이 있다면 당신은 그것을 얼마의 값을 지불하고서라도 배우려 들 것이다. 나는 중국을 수십 년 다니며 그런 비결들을 모았고 익혔다. 모든 사람이 병에서 벗어나 더 자유롭기를, 그리고 더 건강하고 더 원기 왕성한 삶을 살면서 자신의 내면을 향해 더욱더 진화해 나가기를 바라는 간절한 마음에서였다. 나는 지금도 이런 동기와 목적을 가슴속에 꺼지지 않는 불꽃처럼 뜨겁게 품고 있다.

병을 고치는 비결은 결코 복잡하지 않다. 한두 가지의 기공 동작이나 자세를 익히면 당신도 바로 지금 무거운 바위처럼 짊어지고 있던 그 병을 훌훌 벗어던질 수 있다. 단, 요구되는 조건은 비결을 배웠으면 반드시 그것을 실제로 해 봐야 한다는 것이다. 하루 이틀이 아니라 석 달을 기준으로 100일을 꾸준히 반복해야 한다.

이 '100일의 습관'은 분명 당신의 병을 낫게 할 뿐 아니라, 당신의 의식 속에 더는 병에 대한 의식이 아닌 더 건강하고 더 행복하고 더 원기 왕성한 삶을 가지게 될 거라는 확신을 심어 줄 것이다.

100일이면 당신의 병이 호전될 것이다. 병을 고치는 데 100일이면 그리 긴 시간도 아니다. 충분히 투자해 볼 만하다.

02
죽기를 각오하고
배운 기공 비결

미친다는 것은 그것이 아니면 죽는다는 생각으로 매진한다는 것이다. _ 한승원

정말 그렇게 놀라운 효능을 지닌 기공 비결이라면 왜 진작 세상에 공개되지 않았을까. 사마천의 《사기》를 보면 "훌륭한 상인은 좋은 물건을 깊숙이 감춘다."라고 했다. 그처럼 보배 같은 물건이 있다면 그걸 가진 사람은 함부로 그것을 꺼내 아무에게나 내보이지는 않을 것이다. 말하자면 기공 비결들도 그 가치를 진정으로 알아보는 사람에게만 보인다. 나는 끊임없이 그런 보배 같은 기공 비결을 알아내기 위해 중국 전역을 돌면서 불굴의 의지로 비결을 찾았고, 마침내 그것들을 손에 넣었다.

하지만 거기에 들인 시간과 노력과 에너지는 당신이 상상하지 못할 정도로 고되고 힘들고 죽을 것만 같은 지난한 과정의 연속이었다.

한번은 산 전체가 도사들로 북적이는 중국 후베이성 무당산에 갔을 때였다. 무당산 여기저기를 서캐 훑듯 다니면서 동굴 속에 숨어 사는

이인이나 기인을 찾았다. 그들에게 그들이 평생 갈고닦은 비결을 묻기 위해서였다. 물론 그들이 쉽사리 자신의 비결을 내게 알려 줄 리 만무했다. 그러나 쉽게 포기할 나도 아니었다. 그가 비결을 풀어낼 때까지 몇 날 며칠이고 돗자리를 깔고서 꿈쩍 않는 바위처럼 앉아 있을 작정이었다.

기공 비결은 아무나 가지지 못한다. 그걸 정말로 자신의 목숨보다 더 가치 있고 귀중한 것으로 여길 때에라야 그 보물은 그에게 주어지기 마련이다. 우주의 법칙 중 하나는, 어떤 것이든 그것의 진정한 가치를 알아야만 비로소 그것이 그에게로 끌어당겨진다는 것이다.

산속을 여기저기 짐승처럼 쑤시고 다니면서 나는 꽤 깊은 계곡 속으로 걸어 들어갔다. 발을 디디고 다니기조차 어려운 험난한 계곡의 갓길을 걷다가, 아뿔싸, 그만 발을 헛디뎠다.

'우당탕!' 둔탁한 물건이 바위에 세게 부딪히는 소리가 계곡에 메아리쳤다. 나는 바위에 거꾸로 처박혔다.

너무 아파서 아프다는 소리도 입 밖으로 나오지 않았다. 일어나려고 하는데 일어날 수가 없었다. 고관절이 이상했다. 아무 감각이 없었다. 아마 내가 계곡 아래로 떨어질 때 고관절로 곧장 떨어진 모양이었다. 고관절이 부러진 걸까.

어쨌든 날이 어두워지고 있었다. 나는 어떻게든 계곡에서 빠져나와야 했다. '이 인적 없는 첩첩산중에 고립됐다간 쥐도 새도 모르게 짐승밥이 될지도 몰라.' 하늘이 어둑해지자 이런 두려움이 엄습했다.

나는 마치 남의 다리를 양손으로 드는 것처럼 다리를 들어 겨우겨우 한 발짝씩 떼어 놓을 수 있었다. 결국, 계곡에서 빠져나왔고, 그 뒤로 내가 어떻게 숙소에 돌아왔는지 잊어버렸다. 그저 숙소 침대에 내 몸이 아무렇게나 쓰러져 있는 것을 3일 뒤에야 알아차렸다.

사흘 동안 꿈인지 생시인지 모를 상태 속에서 지냈다. 고관절과 엉치 쪽에서 계속 통증이 밀물과 썰물처럼 밀려왔다가 사라지기를 수시로 반복했다. 그런 통증은 둘째치고 나는 배가 몹시 고팠다. 끼니를 해결해야 했다.

숙소에서 근처 식당까지 가려면 3층에서 1층까지 계단을 걸어 내려가야 하는데, 그건 현재의 내 다리로는 지구에서 달나라로 걸어가는 것만큼이나 불가능한 일이었다. 그래서 배낭에 있던 간단한 요깃거리를 꺼내 그걸로 일주일을 버텼다. 일주일 정도 자리를 보전하고 누워 있자 고관절이 제 기능을 발휘하기 시작했다. 조금씩 절뚝거리면서 겨우 걸을 수가 있었다.

절뚝거리는 다리를 끌고 난 다시 그 계곡으로 갔다. 그러고는 무당산을 또다시 올랐다. 아니, 일반인이었다면 그런 상황에서 분명 계곡에 가지 않았을 테고, 더군다나 산을 오르지도 않았을 것이다. 정상이라면 일찌감치 병원부터 가는 게 맞다.

나는 그럴 수 없었다. 무당산까지 오는 데 걸린 시간만 따져도 몇 년이 걸렸다. 한국에서 여행 경비를 모으느라 적지 않은 시간을 보냈다. 또 이곳까지 오는 동안에도 차를 여러 번 갈아타고 8시간 이상을 달려

왔다. 이 모든 걸 생각하면 나는 결코 그냥 주저앉아 있을 수는 없었다.

그렇게 절뚝거리는 다리를 이끌고 산에 올라 나는 마침내 놀라운 기공 비결을 얻었다. 솔직히 이 기공 비결은 사람에게서 얻은 것이 아니다. 도사들이 거주하고 있는 도관(道觀)의 한 건물에 어떤 수행자가 책을 보고 있는 모형이 있었는데, 그 모형에서 배웠다. 독서할 때 이 손모양을 짓고 책을 보면 집중력과 기억력이 몇 배로 껑충 뛰어오른다. 한 시간쯤 독서에 집중할 수 있다면, 이 손 모양을 하고 책을 보면 서너 시간은 금세 지나간다. 독서 뒤에도 책의 내용이 사진처럼 선명하게 기억되는 효과도 있다.

나는 독서광이다. 매일 밥 먹듯 책을 읽는다. 독서할 때 집중력과 기억력을 끌어올리기 위해 그간 안 해 본 것 없이 죄다 해 보았다. 다른 사람이 집중력과 기억력 향상에 좋다고 추천한 책을 읽고 그 책에 적힌 대로 따라 해 본 적도 많았다. 하지만 효과는 다들 별반 차이가 없었다.

그날 저녁, 산에서 돌아와 배낭 속에 있던 책을 한 권 꺼내 들었다. 그러고는 모형이 하고 있던 손 모양을 따라 했다. 책을 읽어 나갔다.

이렇게 책을 읽자 놀라우리만치 책 속으로 빠져드는 속도가 빨랐고, 책을 읽는 중간에는 책을 하나로 꿰뚫는 한 줄기 정신의 빛이 느껴졌다. 책의 모든 내용을 한꺼번에 꿰차는 듯한 기분이었다.

책을 다 읽은 뒤 내용을 다시금 떠올리자 몇 페이지에 어떤 내용이 적혀 있는지, 그리고 그것이 책 전체와 어떻게 맥락을 잇고 있는지 한 눈에 파악됐다. 무엇보다 뇌의 피로도가 현저히 줄어들었다. 책을 읽고 나면 왠지 모르게 머리에 묵직한 바위를 얹은 느낌이 들곤 했는데, 그것조차 사라졌다. 뭔가 달라도 이전과는 판이하게 달랐다.

이 손 모양을 수능을 앞둔 수험생뿐 아니라 중요한 시험이나 자격증을 준비하고 있는 직장인이 안다면, 그 결과는 기대 이상으로 달라질 것이 분명하다. 마치 뇌에 잠자고 있던 방대한 능력을 하나의 손 모양으로 일순간 책으로 방출하여 책의 모든 정보를 컴퓨터처럼 기록할 수 있게 한다. 인간의 두뇌는 슈퍼컴퓨터이지만, 사람들은 그 슈퍼컴퓨터의 능력을 3할도 미처 사용하지 못한다.

내가 이 손 모양을 무당산에서 얻은 건 고관절이 기꺼이 부러져도 될 만큼 값진 것이라 할 수 있다. 당시에는 죽을 만큼 아팠지만, 지금은 독서하는 손 모양으로 그보다 더 값진 것들을 무한으로 얻고 있다.

03

자신의 병마에서
스스로 벗어난 사람들

뭔가를 계속 기획하고 시도하면 새로운 기회는 늘 온다. _편성준

간혹 무당산에서 겪었던 이 이야기를 사람들에게 들려주면 사람들은 내게 묻는다.

"왜 그렇게 기를 쓰고 죽자 살자 기공 비결을 찾아다니나요?"

나는 대답한다.

"그건 사람들을 낫게 하기 위해서입니다."

쉽고 간단한 한두 가지의 기공 비결을 터득하면 당신도 손쉽게 자신의 병을 고칠 수 있고, 더 나아가 훨씬 더 건강하고 더 원기 왕성한 상태로 살아갈 수 있다. 나는 기공 비결의 그런 가치를 누구보다 잘 알기에 죽기를 각오하고, 심지어는 온갖 생명의 위험을 무릅쓰더라도 기공 비결을 찾아 지금도 중국 대륙을 누빈다.

대부분의 사람이 기공을 처음 접하게 되는 이유는 다름 아닌 병 때문이다. 자신의 병이 낫고자 기공을 찾는다. 이 병원 저 병원 전전하다

병든 몸을 건강한 몸으로 바꾸는
8가지 기공 비결

가 아무리 훌륭한 의사에게서 치료를 받아도 끝내 낫지 않을 때 그들은 마지막 보루로 기공을 찾는다. 다시 말해 현대 의학으론 어쩌지 못하는 병을 고쳐 보고자 사람들은 결국 기공을 찾는 것이다.

나 역시 그랬다. 나의 첫 책《참장, 서면 낫는다》에서도 밝혔지만, 나는 어린 시절 낙상사고로 코를 다쳐 연일 코피를 쏟았다. 문제는 피를 쏟는 양이었다. 한번 코피가 쏟아지기 시작하면 틀어놓은 수도꼭지처럼 콸콸 쏟아졌다. 한번은 코피가 대체 얼마나 쏟아지는지 두 눈으로 확인하기 위해 화장실에 쪼그려 앉아 물바가지에 떨어지는 코피를 받았다. 코피는 바가지의 절반을 채우고도 그칠 줄 모르고 쏟아졌다. 이렇게 코피를 쏟는 나날은 10년 넘게 이어졌다.

그간 안 다녀 본 병원이 없다. 안 해 본 치료가 없다. 병원에 가면 콧속 혈관을 지지고 코 안에 바르는 약을 타 면봉에 묻혀 바르고 먹는 약을 먹었다. 병원 의사가 하라는 대로 순한 양처럼 고분고분 다 했다. 그렇지만 코피는 여전히 연일 쏟아졌다. 나는 병원의 의사와 현대 의학을 더는 믿을 수가 없었다. 결국, 나 스스로 치료 방도를 찾아 나섰다.

그러던 중에 기공 비결 중 하나인 참장(站桩, 꼼짝 않고 서 있는 기공)을 알게 됐다. 믿기 어렵겠지만, 참장을 6개월 하고 나서 나는 완전히 건강해졌다. 10년 넘게 코피 치료에 좋다는 건 안 해 본 것 없이 다 했는데도 낫지 않던 병이 감쪽같이 나았다.

이때 나는 깨달았다. 현대 의학으로 낫지 못하는 병이 고대의 기공 비결로 얼마든지 나을 수 있다는 사실을 말이다. 이후 나는 자연스럽게 기공의 또 다른 비결은 어떤 것이 있는지 궁금해졌다. 기공 비결을 더 찾아다녔다. 무엇보다 비결을 찾아내 나처럼 병마에 시달리며 살아도 사는 것 같지 않은 삶을 살고 있는 사람들을 병에서 자유롭게 해 주고 싶었다.

나는 스스로 병에서 벗어난 직후 다른 기공 비결을 찾아 국내의 기 수련 단체들을 죄다 섭렵했다. 사흘에 수십만 원을 호가하는 기공 강습회도 몇 달 동안 아르바이트를 해 모은 돈을 과감히 투자해 참가했다. 이 밖에도 셀 수 없이 많은 단체에서 그들의 기공 비결을 묻고 배웠다. 하지만 그들이 내게 알려 준 기공 비결들은 하나같이 고만고만한 것들뿐이었다.

특별할 것이 없었다. 그리고 대개 중국 기공의 일부를 가져온 것들이었다. 결국, 진짜 기공 비결을 배우려면 기공 비결이 흘러나온 본고장인 중국으로 가는 수밖에 없었다. 그래서 1994년 나는 곧장 중국으로 날아갔다. 이때부터가 바로 내가 중국에 발을 들여놓은 때이다.

중국에 가 보니 중국의 기공사 중에는 나와 비슷하게 기공 비결을 스스로 찾아내 단련하여 자신의 병에서 벗어난 사람들이 많았다. 처음에는 그들도 자신이 찾아낸 기공 비결로 과연 병이 나을 수 있을지 없을지 반신반의했다. 하지만 몇 달 혹은 몇 년을 꾸준히 단련하자 수십 년 동안 낫지 않던 자신의 고질병이 속속 낫는 경이로운 경험을 했다. 그 결과, 그들은 기공 비결이 가진 무한한 힘에 대해 굳은 확신을 가지게 됐다. 그들도 역시 나처럼 더 많은 기공 비결을 찾아 더욱더 공부를 확장해 갔다. 폭넓고 깊게 공부하면서 비결을 모았다.

비결을 모으고 조사하면서 위염, 간염, 심장병, 고혈압은 물론이고 난치성 질환이라 불리는 강직성 척추염, 삼차신경통 등도 모두 기공 비결을 통해 어떤 의학적 치료보다 효과 빠르게 나았다는 걸 확인했다. 이는 기공의 신비에 관한 더 깊은 확신과 연구로 이어졌다.

그렇게 기공 비결을 닦아 병이 나은 사람은 비결을 꾸준히 연마해 더 건강하고 더 원기 왕성해졌다. 더 나아가 주변 사람들에게도 기공 비결을 알리는 기공 전도사가 됐다. 자기가 나았다면 분명 다른 사람도 나을 수 있다는 확신이 들었기 때문이다.

기공 비결은 이미 수백 년 내지 수천 년을 이어져 내려온 것이다. 인간의 질병을 치료하는 데 그 효능이 인간의 몸으로 다 증명되어 온 것이다. 나 역시 그 기공 비결을 통해 말끔히 나았고 타인도 그 비결을 통해 깨끗이 나았다. 이런 기공 비결은 분명 그 어떤 의학적 치료보다 역사적으로 연원이 깊으며 인간 생명에 대한 심오한 통찰을 고이 간직하고 있다. 그 통찰들은 이미 상당히 높은 수준에 도달해 있다.

04

돈 내고
배워야 오래 한다

자신의 시간과 비용을 지불하고 프로그램에 참여했다면 '나는 변화할 준비가 되었다'는 것을 의미한다. _ 황수현

    내 병이 낫자 남의 병도 낫게 돕고 싶었다. 그 동기가 무엇보다 강렬했다. 이전까지는 어떻게든 내 병이나 고쳐 보자는 식이었다면, 이젠 남의 병까지도 관심을 가질 정도로 나름 발전한 것이다.

    기공 비결을 중국을 다니며 27년간 수집하고 닦아 나가면서 나는 어찌 그렇게 수많은 기공 비결이 소수의 손에만 쥐어져 있었나 하는 의문을 지울 수가 없었다. 자신의 기공 비결을 통해 몸과 마음과 정신이 나아졌다면 다른 사람들에게도 그 혜택을 단비처럼 골고루 나누어 주고 싶은 마음이 드는 게 당연할 텐데 말이다. 하지만 그런 생각은 자연스럽게 사람들을 통해 바뀌게 되었다.

    중국에 가 거금을 들여 천신만고 끝에 배우고 익힌 기공 비결을 나는 한국에 돌아와 사람들에게 공짜로 알려 주었다. 개중에는 아픈 사람도 있고, 건강한 사람도 있으며, 아프지도 건강하지도 않은 사람이

병든 몸을 건강한 몸으로 바꾸는
8가지 기공 비결

있었다.

아픈 사람은 처음에는 내가 일러 준 대로 얼마간 기공 비결을 꾸준히 단련하는가 싶더니 몇 주가 채 되지 않아 그 기공 비결을 더는 닦지 않았다. 제아무리 좋은 약이 있더라도 그걸 좋은 약이라 여기고 복용하지 않으면 약은 무용지물이 되고 만다. 그에게 정말 어렵게 어렵게 구해 온 기공 비결이니만큼 꼭 꾸준히 해서 나아야 한다고 신신당부했지만, 그는 그 말을 듣고도 그 기공 비결을 체화하기는커녕 얼마 못 가 아예 거들떠보지도 않았다. 그에겐 확신이 부족했고 지속력이 없었다.

건강한 사람은 대부분 단순한 호기심에서 시작해 내게 기공 비결을 물었다. 그가 하도 끈질기게 묻는 통에 나는 그에게 잠재 능력을 끌어올릴 수 있는 기공 비결을 한두 개 알려 주곤 했다. 하지만 그도 아픈 사람처럼 역시 중도에 하차하고 말았다. 기공 비결을 가지고도 가지지 못했다.

대개 한 가지 기공 비결을 온전히 자기 것으로 체화하려면 적어도 100일이란 시간이 요구된다. 이것보다 시간이 적을 경우에는 몸속에 온전히 체화되지 못한 채로 그 기운이 겉돈다. 이는 오랜 단련 체험에서 나온 결론이다.

아프지도 않고 건강하지도 않은 사람은 앞으로 아플 가능성이 다분히 있는 사람이었다. 그에게도 기공 비결을 공짜로 알려 주었다. 기공 비결을 앞서 일러 주면 그가 병을 예방해 병에 걸릴 확률이 크게 줄어들어서 더욱 건강하게 살 수 있다는 생각에서였다. 과연 그는 내가 알려 준 기공 비결을 가졌을까? 이미 언급한 부류의 사람들처럼 그도 지속하지 못했다.

기공 비결을 알고도 그것을 가지지 못하는 사람들을 줄곧 보면서 뒤늦게야 나는 그들에게 내가 잘못된 방식으로 전했다는 사실을 깨우쳤다. 그들이 기공 비결 단련을 지속하지 않고 중도에 그만두는 이유는 다름 아닌 그걸 공짜로 얻었기 때문이었다.

이후 나는 아주 특별한 경우를 제외하곤 기공 비결을 어느 누구에게도 거저 주지 않았다. 그들에게 별로 도움이 되지 않는다는 걸 숱한 체험으로 거듭 확인했기 때문이다. 정작 나 자신은 거액을 들여 온갖 고생을 마다치 않고 타국에 가 배워 온 기공 비결이었다. 그들은 안방에 누워서 떡을 받아먹듯 쉽게 받았지만, 그 떡을 그냥 도로 뱉어 버렸다.

어쩌면 당연한 귀결이다. 사람은 자신이 대가를 지불하지 않은 것에 대해서는 가치를 두지 않기 때문이다. 만약 당신이 금전적, 육체적, 그리고 정신적인 대가를 혹독하게 지불하고 얻은 것이라면 누구보다 그 가치를 뼛속 깊이 깨닫고 있을 것이다.

기공 비결을 배우고 싶다면 그에 상응한 대가를 지불하고 배우는 것이 온당하다. 그래야 그걸 지속하는 힘도 더 오래간다.

05
의식이 한층
진일보한다

인간의 의식이 우주의 꽃이다. _《삶을 사랑하는 기술》 중에서

사람들이 기공 비결로 병마에서 벗어나 더 건강하고 더 원기 왕성해지면 그들의 욕망은 차츰 진화한다. 더 나은 삶으로 질적인 변화를 꾀하게 된다. 인간의 의식 속에 들어 있는 여러 가지 잠재 능력을 어떻게 꺼내 쓸 수 있는지를 탐구하기 시작한다.

요전에 내가 만났던 사람 중에는 이미 상당한 부를 축적한 이가 있었다. 그는 몇백억 원을 가진 자산가였다. 나는 그에게 중국에 가 배워온 기공 비결 중에 잠을 반으로 줄이는 것이 있다고 얘기해 주었다. 그는 내 얘기를 듣고는 "그건 도대체 어떻게 하는 것이냐?", "그걸 배우려면 비용은 얼마나 드냐?"라고 즉각 물었다.

몇백억 원을 가진 부유한 사람은 대체로 무슨 일에서나 결단이 빠르고 실행력이 뛰어난 편이다. 잠을 절반으로 줄일 수 있는 기공 비결 얘기를 꺼내자마자 그렇게 대뜸 물어오는 그를 보고, 나는 그가 그 기공

비결을 어떻게 사용할지 짐짓 예상이 되었다.

그는 비결을 배워 잠을 반으로 줄여서 자신의 재산을 두 배, 세 배로 더 불려 가고 싶은 것이었다. 잠에 쓰는 시간을 대신 사업에 쏟는다면 재산을 그만큼 더 늘릴 수 있는 건 당연했다.

나는 그의 이런 의도를 간파했고, 그에게 기공 비결을 배워 어디에 쓸 것인지를 물었다. 그는 내게 잠을 줄여서 좀 더 '나'에 대한 철저한 공부를 해 보고 싶다고 예상 밖의 답변을 했다.

사업하는 사람에겐 그야말로 시간이 돈이다. 시간만 충분하다면 얼마든지 돈을 불려 나갈 수 있다. 하지만 그는 의외로 잠을 줄여 내면에 대한 공부를 더 하겠다고 말했다. 그것이 사실인지 아닌지는 그다지 중요하지 않았다. 어차피 잠을 반으로 줄이는 기공 비결을 단련하다 보면 자연스럽게 의식이 변화될 것이었다. 왜냐하면, 인간의 의식 안에 잠재해 있는 무한한 능력은 외부의 그 어떤 자산에도 비할 데 없다. 그건 천금보다 더 귀하다. 그가 그걸 스스로 발견해 낸다면 외부의 자산은 상대적으로 가치가 그만큼 덜하다는 걸 뼛속 깊이 깨닫기 때문이다.

기공 비결은 단순히 몸을 낫게 하는 것만이 아니라 인간의 의식 안에 깃든 여러 능력을 일깨워 인간의 의식을 한층 진보하게 한다. 더불어 의식 안에 있는 놀라운 능력의 절대 가치에 눈뜨게 한다.

인간의 의식은 우리가 탐구해야 할 끝없는 우주이다. 그 우주의 끝자락만 살짝 건드린다 해도 우리는 의식의 대변용을 전체로 경험할 수

있다. 이를 기억하라. 의식이 변용될 때 당신의 의식은 깊고 푸른 우주
의식으로 번진다.

06
나는 확 바뀌었다

존재 자체는 고치 안에 갇혀 있는 것이다. _ 올리버 색스

어찌 보면 기공 비결은 인체의 생명력을 드높이는 동시에 의식의 변화도 함께 일으키는지도 모른다. 기공 비결을 익히는 것은 우선 병 치료를 위해서다.

병이 치료되고 나면 그다음에는 더 건강해지고 더 원기 왕성해지는 것을 목표로 삼는다. 이 목표마저 달성하고 나면 그다음은 무엇이 따라올까. 사람들은 으레 그렇듯이 의식에 관해 알고 싶어 한다.

"나는 그저 기공 비결로 병만 나으면 충분해.", "의식의 변화 따위는 내겐 너무 멀고 먼 얘기야."라고 당신은 말할지도 모른다. 하지만 과연 우리가 겪고 있는 병이 단지 육체에만 속한 것일까.

잠시 눈을 감고 육체에 있는 질병의 뿌리를 찾아서 그 안으로 탐색해 들어가 보길 권한다. 조금만 심도 있게 육체 안을 살펴보면, 그 깊숙한 곳에 바로 '의식'이라는 뿌리가 썩어 들어가 육체로 병이 번졌다

는 사실을 마침내 알 수 있다. 그것이 병을 만들어 냈다는 걸 알아차릴 수 있다.

하지만 이를 알아차리기까지는 상당한 시간과 에너지가 내적으로 누적돼야 한다. 특히 기공 비결들 하나하나는 어떻게 말하면, 그런 '알아차림'을 위해 고안되었다고 해도 과언이 아니다.

기공 비결을 단련하면 할수록 인체 속으로 들어가 그 속을 알아차리고, 그 알아차림 중에서 다시 알아차림이 한층 더 깊어지면서 인체 속에서 의식 속으로의 알아차림이 더욱 깊어진다. 즉, '인체-인체 속의식-의식 속'의 순서로 알아차림이 깊어진다.

기공 비결은 이런 수순으로 알아차림이 차츰 심화된다. 육체라는 겉에서 의식이라는 속으로, 그리고 의식에서 한층 더 깊은 의식 속으로 들어가 알아차리는 것이다. 이때 우리는 육체에서 의식으로, 의식에서 전체의식으로 에너지의 전화(轉化)를 일별한다.

기공 비결을 단련하는 사람들은 날이 갈수록 병이 낫는 것뿐 아니라 정신과 의식까지도 한층 진보하고 변화하는 걸 경험하곤 하는데, 이건 우리가 줄곧 에너지를 쏟아붓던 육체에서 의식 속으로 알아차림이 일어났기 때문이다. 알아차림이 일어날 때 생명 에너지, 즉 기가 육체에서 의식으로, 의식에서 전체의식으로 끊임없이 흘러 들어가 내부에 용솟음치기 시작한다. 이 순간 우리는 이전과 같은 의식이 아닌 전혀 새로운 전체의식을 갖는다. 이때 병이 진정 낫는다.

나는 기공 비결을 30년간 단련해 오면서 이 숨어 있는 의식의 변용

을 경험했다. 이 의식의 변용 원리를 깨닫고는 인체와 의식과 전체의
식에 관한 기존의 통념을 뒤엎었고 거기에 관한 새로운 자각을 얻었
다. 그리고 무엇보다 나는 근본적으로 변화했다.

  단순히 병에서 벗어나는 데 급급했다가 예기치 않게 그보다 더 깊은
층차의 것을 경험하고, 알아차림이 절로 일어났으며, 심지어는 의식의
변용까지 몸소 겪은 것이다. 한마디로 나는 확 바뀌었다.

  그리고 현재는 인체와 의식과 전체의식을 일체로 보면서 기공 비결
을 꾸준히 닦아 나가고 있다. 이젠 인체에만 눈의 초점을 두지는 않는
다. 또 의식에만 초점을 맞추지도 않는다. 눈은 셋을 한데 아우른다.

  나는 점점 더 원기 왕성해져 가고 있다. 점점 더 진화해 가고 있다.
인체와 의식과 전체의식의 모든 면에서 말이다.

  기공 비결을 배워 오래 꾸준히 단련하다 보면 당신도 언젠가는 나와
동일하게 병이 낫는 것뿐 아니라 의식과 전체의식의 변용을 조우하게
될 것이다. 더불어 병이 낫는 원리에 관해 확철하게 깨닫게 될 것이다.
그건 병의 뿌리가 결코 인체에만 국한되는 게 아니며 우리 의식과 전
체의식과도 관련돼 있다는 사실을 말이다. 이것은 진실이다.

07
머리 말고
제발 몸이 하게 두라

뭔가가 그냥 저절로 일어났고, 뭔가가 바뀌고 있어요. _《시선들》 중에서

그렇다면 어떻게 인체와 의식과 전체의식을 통째로 알아차릴 것인가?

그 답은 간단하다. 머리를 쓰지 말고 몸이 하게 두라. 마치 머리가 몸통 위에 달려 있지 않은 것처럼 여기고, 그저 단순히 몸이 하고 있는 일을 멀찌감치 떨어져서 구경하면 된다. 흔히 말하는 것처럼 강 건너 불구경하듯 그냥 빤히 몸을 바라보라.

당신도 알다시피 우리는 우리의 뇌가 꽤 똑똑한 줄로 착각하고 있다. 대개 인생에서 배운 지식의 양과 경험을 합산해서 자기가 얼마나 똑똑한지를 가늠한다. 하지만 단언컨대, 몸보다 똑똑한 것은 이 세상에 없다. 우선 이 세상에서 가장 훌륭하고 가장 지혜롭고 가장 위대한 스승이 있다면, 그건 바로 '몸'이라는 진실을 기억하자.

인간이 처음 지구상에 등장한 이래 몸은 수많은 정보를 한 몸에 모

아 다음 세대의 몸으로 고스란히 전해 주었다.

몸 자체에는 이미 수만 년의 지구상의 모든 정보들이 유전자라는 형태로 기록돼 있다. 다만 우리는 그것을 열 수 있는 열쇠가 없다. 우리가 의식을 쓰고 있는 한 그 오랜 정보들은 결코 그 빗장을 열지 않는다. 바꿔 말해 머리를 자꾸 쓰면 쓸수록 유전자의 창고 문은 더욱더 꽁꽁 닫히고 만다.

이 유전자의 창고 문을 여는 열쇠는 바로 '몸'이다. 역설적이지만 몸이 몸의 열쇠다. 이 사실을 발견한 것은 기공 비결을 수십 년간 닦아 오면서 몸이 몸을 차츰 열어 간다는 걸 수차례 경험하고부터이다. 몸은 몸에 잠재돼 있는 수많은 고대의 정보를 현재로 열어 보이고 그걸 사용할 수 있도록 손수 돕는다. 놀랍게도 몸은 몸 자체를 최선의 상태로 이끌기 위해 반드시 그렇게 한다.

우리가 알고자 하는 생명의 모든 질문들에 대한, 의식과 무의식에 대한 답 또한 몸에 있다. 그리고 그 질문의 답은 몸이 스스로 가져온다.

문제는 우리가 우리의 몸을 좀처럼 믿지 못한다는 데 있다. 몸에 대한 믿음 없이는 몸의 능력과 힘을 사용할 수 없다. 어떤 경우에도 몸이 하는 일을 몸이 하도록 맡겨 두고 가만히 내버려 둘 수 있다면, 당신은 지금껏 수고하고 애쓰며 얻었던 그 모든 답들보다 더 지혜롭고 더 신비한 답을 얻게 될 것이다.

'포커싱'이란 심리 요법을 창안한 미국의 저명한 심리학자 유진 T. 젠

들린은

"무의식이 몸 자체야."

라고 동료에게 말해 그를 충격에 빠뜨렸고,

"살아 있는 몸은 항상 진화, 문화, 언어가 이미 만들어 놓은 것을 뛰어넘는다."라고 그의 저서 《포커싱》에서 목청 높여 말했으며,

"몸은 알고 있지만 당신은 모른다."라고 일갈했다.

지금 이 순간 난 젠들린를 향해 자리에서 벌떡 일어서서 손에 불이 붙도록 뜨거운 물개 박수를 보내고 싶다. "훌륭해요, 젠들린!"

그렇다. 당신의 뇌는 생명의 답을 알지 못한다. 당신의 몸이 당신의 뇌에 해답을 알려 주고 있다. 믿기지 않겠지만, 이것은 진실이다.

기공 비결들을 체화하는 데 공통되는 핵심 요령은 몸이 하는 것을 순순히 믿고 따르며 몸에 있는 그 무한한 능력과 힘이 스스로 터져 나오도록 자신의 머리를 뚝 떼어 내야 한다는 것이다.

08

운명 같은 책을
만나다

아는 것이야말로 사랑이요, 빛이요, 비전이라. _ 헬렌 켈러

내가 기공 비결을 처음 발견한 것은 30년 전이다. 그때 명동에는 중국 서점들이 즐비하게 늘어서 있었다. 기억으론 서점이 스무 군데쯤 있었던 것 같다.

앞서 말했듯이 나는 오랜 병마에서 벗어나고자 스스로 치료 방도를 찾아서 이곳저곳을 쑤시고 다녔다. 명동도 예외는 아니었다.

한자 실력이 천자문을 막 뗀 정도여서 중국어로 된 원서를 읽는다는 건 언감생심 꿈도 꾸지 못하는 수준이었다. 비유하면 초등학생이 대학원생이 보는 전문 서적이나 논문을 구하러 다니는 것과 같았다. 중국 서점에서 마주친 모든 책들이 내겐 그러했다. 하지만 난 나도 깜짝 놀랄 만큼 기공에 있어선 아주 끈질긴 녀석이다.

당시 한 중국 서점에서 몇 시간을 죽치고 있는 건 예사였다. 서점 주인이 눈총을 기관총으로 마구 쏘아 대도 끄떡없었다. 서점 주인이 그

러거나 말거나 서가에 꽂혀 있는 모든 책들을 모조리 뒤졌다. 말했다시피 중국어를 전혀 몰랐기에 책 제목과 목차와 내용을 보고도 나는 그게 도통 무슨 말인지 알지를 못했다. 그러나 나는 내게 필요한 모든 것들이 언제나 필요한 때와 장소에서 반드시 신의 선물처럼 주어진다는 사실을 예나 지금이나 철석같이 믿고 있다.

이렇듯 중국어에 까막눈이면서도 중국 서점을 쑤시기를 몇 달 동안 반복했다. 한 서점을 모두 훑은(?) 뒤 다음 서점을 훑았다. 당시 명동에 있던 모든 서점의 주인이 나를 알아봤다. 한번 들어오면 절대 안 나가는 녀석이라고.

어느 날이었다. 그날도 한 서점에서 두 시간 정도 책 서가를 쭉 훑고 있는 중이었다. 서점 주인의 따가운 눈총이 뒤통수에서 마구 느껴졌다. 그때 한 권의 책이 내 눈에 띄었다. 책은 두꺼운 책들 사이에 끼어 있어서, 그 책이 거기에 꽂혀 있는지조차 알 수가 없었다. 두꺼운 책들을 양손으로 밀어 양옆으로 벌려서 책 사이에 끼어 있는 책을 빼냈다.

한 손에 쏙 들어오는 포켓용 사이즈의 책이었다. 두께는 일반 책에 비해 삼 분의 일도 채 되지 않았다.

내 중국어 실력은 그야말로 형편없는 수준이었지만 책을 꺼내 들자마자 신기하게도 제목을 단박에 알아볼 수 있었다.

《소림내경일지선(少林內勁一指禪)》

짐작건대 중국의 소림사에서 비전으로 내려오는 오랜 무공 비급 같았다. 귤색으로 된 앞표지에는 만화 그림으로 동작이 하나 그려져 있었다. 한 중국인이 다리 가랑이를 있는 대로 양옆으로 쫙 벌리고 서서 무릎을 직각으로 구부린 채 왼손은 왼쪽 옆구리에 손바닥이 아래로 보게 하고, 오른손은 손바닥이 앞을 향하게 하여 이마 위에 두고 있었다. 딱 봐도 동작에서는 강한 기운이 풀풀 풍겨 나오고 있었다.

제목과 동작 그림 하나만으로도 나는 내 손이 미세하게 떨려 오는 걸 느꼈다. '마침내 내가 그토록 고대하던 천고(千古)의 기공 비결 하나를 손에 넣게 된 것인가. 그것도 그 유명한 소림사의 비결 중의 비결을 말이다.'

이 책에 대해서는 앞으로 더 얘기하겠지만, 이 책은 내 운명을 일순간에 바꿔 놓은 책이다. 이 책 속에 있는 기공 비결을 통해 나는 처음으로 인간의 신체 내에는 진실로 무궁무진한 힘과 능력이 내재해 있다는 사실을 깨우쳤다. 또한 그 힘과 능력들이 책에 실려 있는 기공 비결을 꾸준히 갈고닦아 나갈수록 더욱더 몸속에서 몸 밖으로 뿜어져 나온다는 사실도 체험했다.

이 책은 1989년 1월 중국 동제대학출판사에서 출간된 김배헌, 나세주의 《소림내경일지선》이다.

책을 샀다. 눈을 흘기던 서점 주인이 날 보고 씩 웃었다.

09

용감하고 무식하게

직접적인 길은 멀어 보인다. _ 스티븐 미첼

　지금은 중국어 원서를 한글 책을 보듯 술술 읽을 수 있는 수준까지
왔으나, 그 당시에는 난 중국어를 전혀 몰랐다. 어디서부터 어떻게 중
국어에 손대야 할지 막막하기만 했다. 《소림내경일지선》 비급을 마침
내 손에 넣었으나, 비급에 적힌 비결을 도통 읽을 수가 없으니 답답하
기가 이루 말할 수가 없었다. 당장이라도 비결을 몽땅 읽어서 그걸 실
제로 해 보고 싶은 욕망이 순간마다 가슴속에서 불기둥처럼 일었다.
"무식하면 용감하다."라는 말처럼 난 용감 무식하게 《소림내경일지
선》을 파고들었다.

　남들은 중국어를 익힌답시고 학원에 등록하고 선생에게 직접 개인
지도를 받았다. 하지만 난 당시 책을 읽고 싶은 것이었지, 말을 배우고
싶지는 않았다. 서점에서 중국어 사전을 하나 사 들고 집에 와 《소림
내경일지선》을 펼쳐 놓고는 사전에서 한 글자 한 글자를 마치 바닷가

해변에서 모래를 한 움큼 긁어 올렸다가 그 모래알을 족집게로 집어 일일이 세듯 찾았다.

이제야 드는 생각이지만, 당시 내가 왜 그렇게 미련했는지 도통 알 수가 없다. 남들이 다 하듯이 학원에 등록해 중국어를 익혔다면 아주 빠르게 중국어 원서를 원하는 대로 읽을 수 있었을 텐데 말이다. 길잡이가 있으면 길잡이가 없는 것보다 길을 가기가 훨씬 수월한 법이다.

그렇지만 나는 내 에너지를 중국어 학습에 쏟기보다는 당장이라도 한 글자를 알아내는 것이 발등에 불똥이 떨어진 것처럼 절박했다. 질기고 질긴 병마가 나를 칭칭 감고 있었기 때문이다. 나는 어떤 수단과 방법을 죄다 동원해서라도 하루빨리 이 비급을 완전히 독파해야 했다.

《소림내경일지선》은 모두 59페이지이다. 그러나 한 페이지에는 대략 600글자의 중국어가 적혀 있다. 정말 도끼를 들고서 스스로 제 발등을 찍는 얘기지만, 온종일 침식도 잊고 책에 매달려서 머리말 한 페이지를 겨우 다 읽는 데 무려 한 달이 걸렸다.

내게 중국어는 암호문이었다. 그때 중국어가 그렇게 어려운 것인지를 처음 실감했다. '이러다가 20~30년이 지나도 이 책을 다 못 읽는 건 아니겠지.' 나는 머리말 한 페이지를 다 읽고 나서 이런 생각을 했다.

하지만 말했듯이 난 기공에 있어선 비상할 정도로 끈질기다. 머리말 한 페이지를 완독하는 데 한 달이 걸렸다 치더라도 결코 포기하지 않았다. 더욱더 가열하게 책을 파고들었다. 그 결과, 다음 한 페이지를 독해하는 데 보름이 걸렸다.

이건 중국어를 한 글자도 모르는 상태에서 시도한, 그야말로 '용감하고 무식한' 방법이었다. 그러나 그 용감 무식한 방법이 결과적으로는 통했다.

한 페이지에 한 달 걸리던 것이 보름으로 줄어들었고, 급기야 보름에서 하루로, 하루에서 반나절까지 줄었다. 가속도가 붙은 것이다.

지금도 그렇지만 나는 외국어에 그다지 흥미가 없다. 다들 영어를 배운답시고 야단법석일 때 난 그저 팔짱 끼고 구경만 한다. 왜 다들 영어를 익히지 못해 안달하는 건지 나로선 의문스러울 뿐이다. 영어가 필요하면 배우고, 필요 없는 사람은 안 배워도 그만이라는 것이 나의 견해다. 그러나 관심 분야나 직업 면에서 언어의 확장을 필요로 할 때는 하는 수 없이 나도 거기에 죽자 살자 매달리게 된다.

이렇게 어렵사리 독해를 마쳤고, 나는 명동의 한 서점에서 찾아낸 《소림내경일지선》 비급을 내 것으로 완전히 소화했다.

책을 읽어 나가는 중간중간 책의 중반부에 나오는 삽화를 보고 동작을 하나하나 따라 했다. 실제로 동작을 해 보면 그 속에 어마어마한 것이 들어 있음을 알 수 있었다. 이제껏 한국 서점들에서 보아 오던 기공 책의 비결과는 질적으로 달랐다. 혼자서는 아무리 궁리해도 이런 것이 병을 낫게 하리라고는 생각을 할 수 없는 것들이 대다수였다.

《소림내경일지선》(이하 내경일지선)에 있는 동작들은 인간이라면 누구나 가지고 있는 내재된 무한한 힘을 발휘하게 해 준다. 그 힘이 발휘되는 순간, 갖고 있던 병은 점차 말끔히 낫고 그에 더해 날로 원기가 증대된다. 여기서 한 걸음 더 나아가 자신의 신체가 더욱 강건해지므로 내부에서 외부로 기가 자연히 다량으로 뿜어져 나오게 된다. 이를 통해 타인의 병까지도 치료해 줄 수 있다.

중국의 내경일지선 19대 장문인 퀄교생(闕巧生, 나의 사부이다.)은 이렇게 말했다.

"내경일지선을 1~2년 전력을 다해 단련하면 능히 다른 사람을 치료해 줄 수 있다."

퀄 장문인은 내경일지선을 1~2년 동안 불철주야로 열심히 단련하면 공력이 차올라 타인을 치료할 수 있는 데까지 나아갈 수 있다고 확언했다.

더듬더듬 책 속의 한 글자 한 글자를 풀어 나가면서 한편으로 내경일지선 동작을 닦아 나가니, 나는 자연히 이론적으로나 체험적으로나 크게 진일보한 것을 느꼈다. 그리고 최종적으로는 내가 갖고 있던 오랜 병마를 훌훌 벗어 던졌다. 이 병마에서 벗어난 체험은 첫 책《참장, 서면 낫는다》에 상세히 적어 놓았다. 이후 나는 자연히 공력이 안으로부터 차올라 밖으로 발산되면서 타인까지 치료해 줄 수 있는 상태에 이르렀다.

당신이 지금 병마에 시달리고 있거나 또는 가족이나 친척 중에 병마로 괴로운 삶을 살고 있는 사람이 있다면 어떤 건강 비결보다 내경일지선의 비결이 효과 빠르게 몸을 낫게 할 수 있다는 사실을 기억해내길 바란다.

내경일지선은 수백 년 동안 인간에 내재해 있는 무한한 힘을 어떻게 외부로 발현시킬지를 연구해 온 것이다. 이를 통해 인체의 질병을 치료하고 더 나아가 타인의 질병까지도 치료할 수 있다.

　현재 중국에선 내경일지선을 통해 자신의 병마를 고친 사례들이 많이 보고되고 있다. 고혈압, 당뇨병, 부정맥, 비염, 축농증 등 만성 질환은 물론이고, 강직성 척추염, 삼차신경통, 암 등의 난치성 질환에도 그 효능이 뛰어난 것으로 대중들에게 널리 입증되고 있다.

　나 역시 내경일지선의 혜택을 입은 사람이다. 따라서 이 혜택을 또 다른 사람에게 알려 나누는 것 또한 나의 역할이다.

10

'자연스러움'이 병이 낫는
최대의 비결이다

위대한 진리는 자연스럽다. _ 노자

내경일지선을 익히고 나는 몸이 건강해졌고, 원기가 왕성해졌으며, 타인에 대한 치료까지도 감히 넘볼 정도가 되었다.

병 때문에 하루하루를 살아 내는 것도 그토록 버거웠는데, 어느새 보란 듯이 건강해져서 타인의 건강까지도 생각하고 관심을 가지는 수준(실제로 남을 치료해 줄 수 있었다.)까지 단박에 도약한 것이다. 앞서 말했듯이 내경일지선과의 조우가 내 인생을 송두리째 바꿔 놓았다.

내경일지선에 있는 한 가지 동작을 우선 당신도 시험 삼아 해 보길 권한다. 이 동작은 자연스럽게 팔의 경락을 통하게 하고, 자연스럽게 쇠한 콩팥 기능을 높이며, 자연스럽게 간의 기운을 소통시키는 효능이 있다. 나는 '자연스럽게'라는 말을 방금 세 번이나 썼다.

나는 내경일지선을 만나기 전에 안 해 본 것 없이 이 기공 저 기공을 다 접해 보았다. 단전호흡부터 시작해서 국선도, 태극 기공, 태극권,

중화양생익지공 등등.

하지만 그 기공 내지 무술은 병을 낮게 하는 데 작위적인 것이 대부분이었다. 적당히 근골을 풀고 강하게 하며 어느 정도의 병 치료 효과는 있었지만, 근본적인 변화는 기대할 수 없었다. 나중에야 나는 한 가지 사실을 비로소 깨우쳤다. 즉, 자연스럽지 않은 것이 문제였던 것이다.

'자연스럽게' 질병이 나을 수 있는 동작이나 자세여야만 그것으로 충분히 자연스럽게 병이 낫고 원기가 붙어나며 타인에게까지 그 원기를 방사할 수 있다. '자연스러움', 이것이 병이 나을 수 있는 최대의 비결이다.

중국에는 '순호자연(順乎自然)'이란 말이 회자한다. '그 자연스러움을 따르라.'라는 뜻이다. 자연스러우면 낫는다.

양발을 어깨너비로 벌리고 서서 무릎을 약간 구부린다. 무릎을 구부렸을 때 위에서 내려다보면 자신의 엄지발가락이 보여야 한다.

시선은 정면을 본다. 시선을 멀리 둘 수 있다면 되도록 멀리 두는 것이 뇌를 빠르게 이완하는 데 도움이 된다.

오른손을 들어 올려 오른 어깨 앞에 수직으로 세운다. 그리고 왼손은 수직으로 세운 오른손 팔꿈치 밑으로 가져가 팔꿈치를 받친다. 왼손과 오른손 팔꿈치 사이의 간격은 5㎝ 정도로 띄운다.

동작을 그대로 유지한다. 처음에는 10분을 단련하고 차츰 시간을 늘려서 30분까지 단련한다.

이 내경일지선의 동작은 신체 내부와 외부의 음양의 기운을 조화롭게 하고, 손목과 팔꿈치와 어깨 관절의 경락을 소통시켜 기혈이 순조롭게 흐르게 하며, 주요하게 간의 열을 치료하고 신장의 기운이 허한 것을 보충해 준다.

내가 이전에 했던 셀 수 없이 많은 기공과 무술은 모두 다 인위적이었다. 동작을 하면서 동작에 집중할 것을 요구했고, 또한 동작에 호흡을 맞추기를 원했다. 그렇게 하다가 집중이나 호흡이 흐트러지기라도 하면 곧바로 동작의 효과는 반감되기 일쑤였다. 한마디로 자연스럽지 않음이 불러들인 당연한 결과였다.

방금 소개한 내경일지선 동작은 자연스럽다. 동작을 취하고 자연스럽게 있으면 얼마 지나지 않아 손의 기장이 자연스럽게 바뀌는 걸 느낄 수 있다.

왼손 손바닥과 오른손 팔꿈치 사이에 찌릿찌릿 전류가 흐르는 듯한 느낌이 들기도 하고, 때로는 오른손 전체가 전기에 감전된 듯 마비되는 느낌이 오기도 한다. 또는 손과 팔, 몸통의 피부 위로 개미가 스멀스멀 기어 다니는 듯한 감각도 있다. 모두 손과 팔꿈치 사이에 자연스럽게 일어난 기장의 변화가 몸 전체로 퍼지고 있는 것이다. 다 정상 반응이다.

또 더러는 간 쪽에서 간이 벌컥거리면서 움직이는 걸 느끼는 사람도 있다. 이는 내경일지선의 특수한 동작으로 간의 경락이 뚫리면서 간에 기운과 혈액이 공급되고 순환되고 있다는 증거이다.

내경일지선의 최대 원칙은 무엇보다 자연스러움이다. 이 자연스러움이 응당 나타나야 할 기의 반응을 인체 내부에서 인체 외부로 이끌고 나온다. 이는 여느 기공들과 뚜렷하게 차별화되는 내경일지선만의 특징이다. 아주 작은 차이가 큰 격차를 낳는다.

11

3일이면 당신도
기공사가 될 수 있다

우리 모두는 합리화하고 차별화하고 속인다. _ 올리버 색스

"3일이면 당신도 기공사가 될 수 있다!"

신문 광고에 이런 글이 실렸다. 기억으론 1993년도이다.

그전까지 기공 비결을 독학하거나 동네 쿵푸 도장에 가서 간단한 기공-책만 보고도 얼마든지 혼자 익힐 수 있는 것-과 무술을 익혔다. 당시 나는 세상의 모든 기공 비결을 전부 익히고 싶은 강렬한 열망이 있었기에 내가 동원할 수 있는 방법은 무엇이든 시도해 볼 용의가 있었다. 그래서인지 독학과 동네 도장의 기공 수업만으로는 늘 성에 차지 않았다.

신문 광고의 글은 정말 혹하지 않을 수 없었다. '3일이면 나도 기공사가 될 수 있다고?', '대체 어떤 기공 노하우와 비결이길래 3일 만에 기공사로 탄생할 수 있다는 거지?' 나는 신문 광고에 적혀 있는 전화번호

로 전화를 걸어 그쪽에다 대고 무조건 배우러 가겠다고 선언했다. 하지만 통화가 끝나갈 무렵 상대가 말한 수강료에, 그만, 입이 떡 벌어지고 말았다. 3일 동안의 강습료는 자그마치 50만 원이었다.

당시 나는 학생 신분이었다. 학생이 그 큰돈이 어디 있겠는가. 그러나 언제든 기공 비결을 배우기 위해선 돈이 든다는 걸 알고 있었기에 틈틈이 아르바이트를 해 한 푼 두 푼 모아 둔 돈이 정확히 50만 원이 있었다. 몇 달을 안 먹고 안 쓰고 악착같이 모은 돈이었다. 당시 시급은 1,500원이었다.

나는 기공 비결을 배우는 데 정말이지 놀라운 결단력과 실행력을 발휘한다. 이튿날 50만 원을 들고 그를 찾아가 수업을 받았다.

강습 첫날부터 나는 형형한 눈빛을 마구 뿜어내면서 기공을 가르치는 선생의 일거수일투족을 하나도 놓치지 않겠다고 단단히 마음먹었다. 이 강습을 배우기 위해서 들인 돈이 아까워서라도 꼭 그래야만 했다. 하지만 강습 첫날부터 나는 실망하지 않을 수 없었다. 가르쳐 주는 비결이라는 내용이 대부분 내가 다 아는 것들이었다. 이튿날 강습도, 마지막 날까지도 그랬다.

마지막 날, 기공을 지도하는 선생이 내게 칼국수를 한 그릇 사 주며 말했다.

"너처럼 기공에 열정을 가진 친구는 처음 본다. 앞으로 열심히 하면 너는 반드시 훌륭한 기공사가 될 것이다."

강습 첫날부터 셋째 날까지 나는 뭔가 새로 배우는 것이 있겠지 하는 기대감에 잔뜩 부풀어 있었다. 하지만 정말이지 3일 동안 배운 것은 별로 없었고, 되레 내가 그 기공 선생에게 알려 준 것만 있었다.

그 기공 선생은 중국어를 전혀 몰랐다. 그런데 그가 강습회에서 지도하는 기공의 내용은 바로 중국 기공 원서에서 익힌 것이었다. 물론 그가 책으로만 중국의 기공을 익히진 않았을 것이다. 지금에야 분명히 알지만, 당시 기공 선생들은 중국에 2~3일 다녀와서 배운 것을 학생들에게 지도하면서 그걸 몇 년씩 우려내곤 했다. 그런 기공사들이 수두룩했다.

강습 첫날에 그와 상담하면서 나는 이미 《내경일지선》을 용감하고 무식하게 홀로 독파한 내공이 있어서 이젠 중국어 책을 어느 정도 읽을 줄 안다고 그에게 말했다. 그는 내 말을 듣자마자 사무실 서랍 속에 들어 있던 중국 기공 책을 꺼내 보이면서 "이것 좀 3일 동안 번역해 줄 수 있겠니?" 하고 물었다. 나는 가능한 데까지 성심성의껏 해 보겠다고 답하고는 내경일지선을 독파할 때처럼 3일 동안 밤낮을 가리지 않고 그 책을 물고 늘어지면서 번역했다.

강습 3일째 되는 날, 그가 내게 칼국수를 사 준 건 순전히 공짜 번역에 대한 일종의 답례였다. 답례치고는 너무나 약소했다.

3일 동안 기공사가 되기는커녕 나는 중국 기공 원서 하나를 붙잡고 번역하느라 진이 빠졌다. 나중에 이런 생각이 절로 들었다. '3일 동안 대체 뭘 한 거지….'

부푼 기대는 실망으로 바뀌었고, 배움은 대신 번역으로 뒤바뀌었다.

병든 몸을 건강한 몸으로 바꾸는
8가지 기공 비결

그러고는 나는 두 번 다시는 단기간에 기공사를 만들어 주겠다는 광고에 결코 속지 않겠다고 굳은 결의를 다졌다. 이때 나는 근본적으로 생각의 전환을 맞이했다.

'한국에서 중국 기공을 익힌다는 건 말마따나 멍청한 짓이다. 제대로 된 중국의 기공 비결을 익히려면 반드시 기공의 본고장인 중국으로 날아가 중국 기공사에게서 직접 배워야 한다.'

이때가 내 의식이 통째로 갈아엎어진 순간이다. 한국이란 나라에서도 얼마든지 훌륭한 기공 비결을 익힐 수 있으리라는 생각은 애당초 우물 안 개구리의 소견이었다. 기공 비결을 배우러 반드시 중국으로 가겠다고, 의식 저 밑바닥에서부터 나는 소리 높여 외쳤다. 아까부터 의식에서 이런 소리가 울려 퍼졌다.

'3일 동안 대체 뭘 한 거지.'

12

어떤 기공 비결을
택할 것인가

일상에서 의미 있는 차이를 끌어낼 수 있는 다른 요인이 있지 않을까?
_《자연이 마음을 살린다》중에서

그저 그런 것들만 계속해서 배우면 그저 그런 수준에만 그치고 만다. 반드시 수준을 높이 끌어올릴 수 있는 기공 비결을 선택해 그걸 꾸준히 단련해야만 당신의 병이 낫고, 원기가 왕성해지며, 정신이 날로 진화해 갈 수 있다.

사람들은 종종 내게 묻곤 한다.

"어떤 기공 비결이 제게 맞을까요?"

정답은 없지만 바람직한 대답은 있다. 자연스럽게 병이 낫고 자연스럽게 원기가 증강하며 자연스럽게 정신이 한층 드높아지는 것이 가장 좋다. 이는 중국의 기공 비결을 수집하러 중국을 다닌 것이 27년이고, 국내에서 기공 비결을 모으려고 안 가 본 데 없이 다 가 보면서 보낸 세월 3년, 도합 30년의 경험에서 나온 말이다.

여태껏 내가 중국에서 찾아낸 수많은 기공 비결은 하나같이 수백 년 내지 수천 년 동안 비전으로 내려온 것들이다. 단연코 최선의 것, 최상의 것이라 말할 수 있다.

'3일이면 당신도 기공사가 될 수 있다.'라는 반면교사적인 앞선 경험과 같은, 나는 그다지 효용이 없는 기공 비결에 상당한 돈과 노력과 에너지를 쏟아부은 적도 많았다. 이도 현재는 다 경험으로 한데 녹아들었다. 발명왕 에디슨이 말한 것처럼 나는 한 번의 실패를 한 것이 아니라, 한 번의 실패하지 않는 방법을 하나 더 깨달은 것이다.

요즘도 단기간에 어떤 기공 비결을 전수해 준다는 광고가 신문 지면에 나오는지는 모르겠다. 시대를 불문하고 그런 광고는 나오겠지만, 반드시 분별력을 가지고 있어야 나와 같이 돈과 노력과 에너지를 헛되이 쓰지 않을 것이다. 광고에 나온 기공 비결이 과연 역사가 얼마나 되었는지, 개인이 혼자 수련해서 만든 것인지, 치료 사례는 얼마나 풍부한지, 병원이나 대학 할 것 없이 전문 의료 기관과 연구 기관에서도 그 효과가 입증된 것인지를 꼼꼼하게 여러모로 따져 볼 필요가 있다. 그렇지 않으면 당신의 돈과 시간과 에너지는 그야말로 아무런 성과나 보상 없이 수포로 돌아가고 만다.

나는 지금도 기공 비결을 모으기 위해 매년 중국에 가고 있다. 하지만 이전과 같이 맹목적으로 불 속에 뛰어드는 불나방처럼 아무 기공 비결이나 섣불리 배우지는 않는다. 반드시 사전 조사를 철저하게 한다.

방금 말한 것처럼 기공 비결의 역사, 보편성, 치료율, 임상 사례, 공공 기관의 의료 실험과 인증이 있는지를 살핀다.

기공 비결은 어떤 것을 선택해야 하는가에 대한 또 하나의 가장 간단명료하며 바람직한 답은 바로 그 비결이 얼마만큼 오랫동안 많은 사람에게 유익을 가져다주었는지를 우선 살피라는 것이다.

1980년대 중국에선 기공 붐이 일었다. 그때 중국의 기공 비결들은 우후죽순처럼 쏟아져 나왔다. 역사가 짧고 개인이 혼자 만든 기공 비결은 현재 그 흔적조차 찾아볼 수 없다. 왜냐하면, 그 대부분이 이 책 저 책에서 짜깁기한 베낀 기공 비결이었기 때문이다. 그것들은 잠시 잠깐의 효과는 있을지언정 오랜 시간의 효과는 기대하기 어려웠다.

30년간 나는 국내와 중국의 기공 비결을 수집하러 다니면서 중국에서 기공 교사 자격증을 취득했다. 정확히 말하면 내경일지선 교사 자격증이다. 한국인으로서는 최초이며 유일하다. 이 교사 자격증을 취득한 사람은 현재 전 세계를 통틀어서 20명 내외이다. 참고로 말하면, 1960년부터 세상에 공개된 내경일지선은 보급된 지 불과 20여 년 만에 수련자가 300만 명을 넘어섰다. 현재는 수천만 명의 중국인들이 내경일지선을 단련하고 있다. 그리고 해외 각지에서 내경일지선 수련 인구가 날로 늘어나고 있다. 말레이시아엔 약 30만 명의 내경일지선 수련자가 있다.

내경일지선 교사 자격증을 거론한 의도는 분명하다. 여태껏 찾아낸 중국의 기공 비결 중에 단연코 선봉에 있는 것이 바로 내경일지선이기 때문이다. 어느 날 명동의 한 서점에 들어갔다가 거기서 운명같이 조우했던 그 기공이 바로 내경일지선이었다. 그것은 30년이 지난 지금에도 여전히 나를 계속 성장하게 하고 있다.

이 글을 읽고 있는 당신도 내경일지선을 배우고 단련하다 보면 자연스레 내경일지선이 왜 전 세계로 보급되고 있는지를, 그리고 앞으로 내경일지선을 꾸준히 단련하면 자신의 건강이 얼마나 향상될 것인지를 실감할 수 있을 것이다.

30년간의 기공 수집을 통해 얻은 최대의 성과는 무엇보다 내경일지선을 내경일지선 19대 장문인에게서 직접 배웠다는 것이다.

"어떤 기공 비결을 선택해야 할까요?"

라고 당신이 내게 묻는다면 지금까지 내가 이야기한 것을 통해 당신도 스스로 답을 찾아낼 수 있을 것이다.

중국에는 정말이지 이루 헤아릴 수 없이 수많은 기공 비결이 있다. 가장 좋은 기공 비결은 역사가 있고, 부작용이 없어야 하며, 의료 기관에서 임상 시험을 통해 그 효능이 밝혀진 것이어야 한다. 전 세계의 사람들이 그것을 익혀 혜택을 입은 것이어야 한다.

13

손의 불가사의한
힘을 사용하라

갓난아기는 뼈는 약하고 힘줄은 부드럽지만 주먹을 쥐는 것만큼은 굳세다. _ 노자

    손 모양이나 손의 자세를 바꾸면 병을 손쉽게 고칠 수 있고 잠재 능력을 이끌어 낼 수 있다. 손에는 불가사의한 힘이 있다. 이는 30년간 기공을 익히면서 터득한 것 중 가장 가치 있는 것에 속한다.

    손에는 자기장을 형성할 수 있는 힘이 있다. 가슴 앞에 양손바닥을 마주 보게 하고 1~2분쯤 기다렸다가 손을 서로 가까이 가져가 보라. 그러면 금세 손 안에 뭔가 뭉클거리거나 찌릿하거나 밀어내고 당기는 힘 등을 느낄 수 있다. 이건 대부분의 사람이 자신의 손에 자기장이 정말로 존재하는지를 알 수 있는 매우 초보적인 실험 방법이다.

    그런데 이 손으로 만들 수 있는 자기장은 하나만이 아니다. 손의 각도와 방향과 위치에 따라 자기장은 각각 다르게 만들어지고, 각각 다르게 작용한다.

    손에 있는 이 자기장을 임의대로 조작해 새로운 자기장을 만들고,

그 새 자기장을 통해 인체에 있는 불균형한 자기장(병, 病)을 고칠 수 있는 것이 바로 내가 발견한 불가사의한 손의 힘이다.

병든 사람이 건강한 몸으로 다시 회복할 수 있는 것도 모두 손으로 만든 자기장에 의해서이다. 자기장을 어떻게 만드느냐에 따라 병세가 달라진다.

당신에게는 두 손이 있다. 이건 정말이지 둘도 없는 보물 중의 보물이다. 선천적으로 가지고 태어난 이 보물 중의 보물을 올바르게 사용할 줄 알면 당신은 병에서 벗어나 자유로워지고, 건강은 몰라보게 좋아지며, 더불어 정신까지도 한층 진화할 수 있다. 분명 손은 우리가 가진 보물 중에 최고의 보물이다.

이런 손의 불가사의한 힘은 대체 언제부터 우리가 깨달아 온 것일까? 당신은 기억이 나지 않겠지만, 그건 아기 때부터다.

"응애~"

갓난아기가 엄마 배 속에서 세상 밖으로 나온다. 아기는 벌거벗었다. 외부의 환경은 낯설고 차갑다. 엄마 배 속의 양수는 더없이 따뜻했고 평온하기 그지없었다. 아기는 영문도 모른 채 세상 밖으로 밀려 나왔다. 갓난아기는 갑자기 뒤바뀐 외부 환경에 방어할 수 있는 그 어떤 보호막도 없다. 이때 갓난아기가 할 수 있는 것은 과연 무엇일까.

아기는 양 주먹을 꽉 쥐어 본다. 아, 그랬더니 조금은 살 것 같다. 몸의 체온이 더는 내려가지 않고, 낯선 환경으로부터 오는 다양한 자극에도 더는 방해받지 않는다. 정신이 평온하다. 일종의 신체 보호막이 만들어졌다. 그래도 여기보다는 역시 엄마 배 속이 훨씬 더 좋았던 건 사실이다. 그저 울고만 싶다.

"으아앙~"

당신은 갓난아기를 자세히 살펴본 적이 있는가? 그 아기의 손을 유심히 관찰한 적이 있는가? 살아오면서 아기를 한두 번 본 적은 있을 것이다. 무심결에 흘러가듯 본 기억이라도 당신은 아기가 손을 쫙 펴고 있지 않다는 걸 쉽게 기억해 낼 수 있을 것이다.

아기는 항시 주먹을 꽉 쥐고 있다. 누가 그러라고 한 적도 없고, 누가 그러라고 가르쳐 준 적이 없는데도 아기는 주먹을 꽉 쥔다. 이것은 아기가 택할 수 있는 자기를 방어하고 보호할 수 있는 유일한 길이기 때문이다. 말하자면, 이는 자연법칙처럼 우리에게 주어진 손의 신비이자 능력이다. 당신은 아기였을 때, 분명 당신 자신도 모르게 주먹을 꽉 쥐고 있었다. (생각이 잘 안 난다면 앨범을 꺼내 보라. 거기서 아기였을 때 당신 사진을 찾아보라. 어떤가. 당신 손은 가위인가 바위인가 보인가?) 이것이 바로 당신의 손이 가진 놀라운 힘을 사용한 최초의 체험이다.

우리는 별다른 것을 하지 않아도 자기 신체와 마음과 정신을 보호할 수 있는 테크닉을 이미 선천적으로 가지고 태어났다. 그리고 방금 말했듯, 당신이 아기였을 때 이미 그것을 사용해 본 적이 있다. 물론 지금은 백 년도 더 된 일처럼 까마득하게 잊어버렸겠지만 말이다.

고등학교 1학년 겨울 방학 때였다. 서울역 지하에 있던 철도 문고에서 만난 어떤 아저씨를 따라 어느 단체에 가서 단전호흡을 배웠다. 뒤에 알았지만, 그때 내가 만약 학생이 아니라 돈을 버는 직장인이었다면, 혹은 집안 형편이 꽤 유복했다면 나는 모든 돈을 거기에 다 갖다 바쳐야 했을 것이다. 그 단체에 속해 있던 남녀들이 모두 그랬다.

각설하고, 어쨌든 나는 그 단체에서 단전호흡을 무료로 배울 수 있다는 사실이 좋았다. 한 달쯤 단전호흡을 배웠을 때, 나를 데려간 그가 내게 어딜 좀 가자고 했다. 군말 없이 따라나섰다. 내 차비도 그가 내줬다.

가는 길은 꽤 멀었다. 내가 예상했던 것보다 훨씬 멀었다. 게다가 그날은 갑자기 한파가 기승을 부렸다. 실내에 있을 땐 몰랐는데, 실외에서 버스를 갈아타려고 몇십 분씩 가만히 서 있자 몸의 체온이 급격하게 떨어지기 시작했다. 나 자신도 모르는 사이에 온몸이 사시나무 떨듯하고 있었다. (웬만해선 좀처럼 추위를 타지 않는 나였다. 그날만은 달랐다.)

그걸 본 그가 자기 가죽점퍼를 벗어 내게 건네주었다. 나는 됐다고 했다. 하지만 그는 매우 단호했다. 그는 마치 옷걸이에 옷을 아무렇지 않게 걸쳐 놓는 것처럼 내 상체에 자기 옷을 걸쳐 놓았다. 그러고는 버스가 오는지 확인하러 버스 정류장 쪽으로 걸어갔다. 난 아까부터 매서운 바람을 피해 빌딩 모퉁이에 서 있었다.

그가 버스 정류장 쪽으로 가면서 내게 말했다.

"자, 엄지를 손바닥에 말아 넣고 네 손가락으로 감싸. 이렇게 하면 하나도 안 추워."

확실하게 하나도 춥지 않은 건 아니었다. 그러나 기분 탓인지는 몰라도 몸이 덜 떨리는 것 같았다. 왠지 모르게 체온이 그대로 유지되는 것 같았다. 단순히 손 모양을 바꾼다고 해서 체온이 그대로 유지된다는 건 나는 그때까지 생각해 본 적도 없었고, 더군다나 누군가에게서 들어 본 적도 없었다.

하지만 신기하게도 계속 덜덜 떨리던 몸이 5분, 10분이 지나자 차츰 안정되기 시작했다. 살 만했다. 그가 내게 걸쳐 준 가죽점퍼 때문이었을까, 아니면 진짜로 손 모양을 바꾼 덕분이었을까.

손에 의해 신체에 잠자고 있던 여러 신비한 기능과 힘들이 깨어난다는 걸 얼핏 경험한 건 이때가 처음이었다.

14
우주의 힘을
당신의 손으로 끌어당겨라

손에 우주가 있다. _ 도가 격언

병원에 가면 정말 병자들이 차고 넘친다. 심하게는 죽음을 목전에 앞두고 있는 말기 암 환자부터, 가볍게는 단순한 소화기 장애나 감기나 두통으로 내원한 환자들이다.

'도대체 이 수많은 환자가 병원에 와서 치료비로 쓰고 가는 돈은 얼마나 될까?'

나는 병원에 가지 않지만, 간혹 병 상담을 위해 병원을 방문할 때면 으레 이런 생각을 하곤 한다. 그리고 한편으로 환자들이 손에 있는 불가사의한 힘을 사용할 줄 알면 지금보다 치료비도 줄어들 것이고, 약에 의존하지 않고도 지금보다 더 건강해질 텐데 하는 아쉬움을 떨칠수가 없다. 그러면 그들이 경제적으로 더 부유해질 것이며, 신체적으로 더 강건해질 것이기 때문이다.

생각은 여기에서 한 걸음 더 나아간다.

'병원에서 병자들에게 손에 대한 불가사의한 힘을 일깨울 수 있는 세미나나 강연을 할 수 있다면 얼마나 좋을까.'

아직까지 그런 세미나나 강연을 할 만큼 성경에서 말하는 아몬드나무 같이 깨어 있는 의사나 병원은 보지 못했다. 그들은 병자들의 치료보다는 자신의 병원을 경영해 나가는 것이 더 급선무이기 때문이다.

손의 불가사의한 힘을 사용하면 병세는 빠르게 호전되고 신체 내에 잠재돼 있던 자연의 생명력은 높아진다. 이로 똑같은 돈과 시간과 노력을 들여 치료한 것에 비해 훨씬 더 효과 빠르게 근본적인 치료가 일어난다. 이는 손에 우주의 힘을 빌어 쓸 수 있는 자석과 같은 기능이 있기 때문이다.

우주에는, 지구에는, 우리가 사는 공간에는 무수히 많은 우주의 힘이 참으로 다양한 형태로 흐르고 있다. 만약 이 우주의 힘들을 당신의 손 안으로 끌어당기거나 손의 자기장 속에 모아 둘 수 있다면, 그 힘은 몸을 치유하고도 남아 우리의 내부 에너지 창고에 차곡차곡 저장되어 몸의 잠재 능력을 깨우는 데 사용될 수 있다. 우리가 신체에 흐르는 힘뿐만 아니라 신체 밖에 흐르고 있는 우주의 힘을 분명히 자각하고 있다면, 그 힘을 가져다 쓸 수 있는 것 또한 그리 어려운 일만은 아니다.

우주의 힘은 과연 어떤 형태로 흐르고 있을까? 미립자, 전자, 양성자 등. 과학적으로 밝혀진 이런 형태들은 당신도 알다시피 과학 기기로만 측정할 수 있다. 그러나 이건 육안으로도 얼마든지 확인할 수 있다. 분명히 말하지만, 당신의 두 눈으로 미립자, 전자 혹은 양성자를 직접 볼

병든 몸을 건강한 몸으로 바꾸는
8가지 기공 비결

수 있다.

지금 나는 과학과 전혀 배치되는 말을 하고 있는 것이 아니다. 보이지 않지만, 보이지 않는 '그것'을 볼 수 있는 사람들은 도처에 널려 있다.

"빛 알갱이들이 작은 날파리처럼 날아다녀요.", "마치 빛의 그물처럼 촘촘한 것들이 벽에 다닥다닥 붙어 있어요.", "주변이 어두울수록 빛 알갱이와 빛 그물이 더 환하게 빛나고 더 잘 보여요."

우주의 힘은 입자로 흐르고 있다. 특히 주변이 어두컴컴할 때, 그 입자들은 더욱 밝고 또렷하게 보인다. 어릴 적부터 제3의 눈, 심안 또는 영안이라고 불리는 눈이 다 감기지 않은 사람들은 이 입자들을 마치 실재하는 물건처럼 본다.

나는 기공을 20년간 사람들에게 지도하면서 이 우주의 입자들을 육안으로 보는 사람을 여럿 만났다. 빛 알갱이를 보는 사람들이 대체로 많았다. 좀 더 집중해서 볼 수 있는 사람은 빛 알갱이들이 떼 지어 공기 중에서 강물처럼 유동하는 것을 보는 이도 있었다.

모든 사람은 누구나 이 빛의 알갱이 속에서 빛의 입자를 숨 쉬며 살아가고 있다. 다만 보이지 않아서 그 존재 여부를 알지 못하고 믿지 못한다.

손은 이 우주의 입자들, 즉 우주의 힘의 분자들을 자기 신체와 마음과 정신의 분자들로 옮겨 놓을 수 있게 한다. 그것은 몸의 병을 고치고, 몸을 더욱 원기 왕성하게 하며, 정신을 더욱 고양시키며 진화하게 한다.

만약 병든 몸을 건강한 몸으로, 건강한 몸을 진화한 몸으로 바꾸고 싶다면, 당신은 손에 있는 우주의 힘을 사용하는 열쇠를 거머쥐어야 할 것이다. 그리고 일상에서 그 힘들을 자유자재로 사용할 수 있어야 한다.

병원의 병자들이 손의 이런 불가사의한 힘에 대해 깨칠 수 있는 세미나나 강연을 듣는다면, 그중 방금 내가 말한 입자들에 관한 새 자각을 얻는 이들이 있을 것이다. 그 자각을 통해 그들은 더 나은 삶으로 성큼 나아갈 수 있을 것이다.

우리는 우리가 가진 여러 숨은 능력을 십분 활용해야 한다. 그저 능력을 재우기만 해서는 안 된다. 고맙게도 우주는 우리에게 우주의 분자로써 우주의 힘을 가져다 쓸 수 있는 무한한 능력을 부여해 주었다. 손이 바로 그 무한한 능력을 여는 핵심 열쇠이다.

15

당신의 기장(氣場)이 달라지면
병든 몸이 건강한 몸으로 바뀐다

우리는 무엇을 아는가? 우리는 무엇을 알아야 하는가? 우리는 무엇을 바랄 수 있는가? _ 칸트

지극히 간단한 기공 비결로 당신은 병든 몸을 건강한 몸으로 바꿀 수 있다. 내경일지선의 마보참장, 손의 불가사의한 힘을 이끌어 내 사용하는 수인(手印, 손의 특정한 자세로 경락을 통하게 하는 기공 기술), 고요한 가운데 생각이 멈추고 잠재의식이 깨어나게 하는 정좌 등을 통해 당신은 보다 더 건강해지고, 보다 더 원기 왕성해지며, 보다 더 진화해 나갈 수 있다.

현재 중국에는 대략 10,000여 종의 기공이 있다. 한 가지 기공을 익히는 데 적어도 3년이라는 시간이 걸린다. 그렇다면 만여 가지의 기공을 다 익히려면 영생에 가까운 수명을 누리지 않는 한 절대 불가능하다. 머리를 잠깐만 굴려 보면, 결국 만여 가지의 기공 중에서 가장 좋은 것을 추려내 그것을 집중적으로 단련해 나가는 것이 현명하다는 결론에 이른다.

30년간 나는 기공을 연구해 왔고, 27년 동안 중국 대륙을 동서남북할 것 없이 누비면서 가장 좋은 기공을 찾아다녔다. 여태껏 찾아낸, 그리고 체험한 것들 중에서 가장 우수한 것은 바로 내경일지선과 수인, 그리고 정좌였다.

　　일단 내경일지선은 앞서 말했듯이 수백만 명의 사람들이 이 내경일지선 단련을 통해 병마에서 벗어났고 건강을 되찾았다. 의료 기관과 대학 연구 기관에서도 임상 시험을 통해 그 의료 효과가 입증됐다. 현재 내경일지선 수련 인구는 굳이 수련생 모집 광고를 하지 않아도 기하급수적으로 불어나고 있다. 실제로 건강 효과를 본 대부분의 사람이 목청을 높여 가며 가족과 직장 동료와 지인들에게 퍼뜨리고 있기 때문이다.

　　수인이란 기공 기술은 한국엔 다소 생소하다. 한국에는 아직까지 이렇다 할 수인의 기초와 효능을 밝힌 책이 없다. 당연히 수인이 무엇인지, 수인은 어떻게 하는 것인지, 왜 수인을 해야 하는지에 대한 인식이 퍼지지 않았다.

　　수인은 인체 내에 있는 에너지, 즉 기가 상호작용한다는 원리에 입각해 그 상호작용을 어떻게 증폭하고 증강시켜 나갈지를 연구해 온 기공의 학문이다. 여기서 말하는 '상호작용'이란 기와 기가 만들어 낸 전자기장, 즉 줄여 '기장(氣場)'을 일컫는다. 병든 몸에는 병든 기장이 만들어져 있고, 건강한 몸에는 건강한 기장이 만들어져 있다. 손의 특정한 모양이나 자세를 통해 병든 기장을 건강한 기장으로 바꾸는 것이 바로 수인이다.

인체의 세포 간에는 기장이 만들어져 있는데, 때로 이 기장은 어떤 원인으로 인해 찌그러질 때가 있다. 신체적으로 매우 피곤하거나 정신적으로 스트레스를 심하게 받을 때 기장은 심하게 일그러진다. 즉, 기장이 찌그러지고 일그러지는 것이 병든 상태이다. 이를 다시 원래대로 바르게 펴 주는 것이 바로 수인의 효능이다.

놀랍게도 수인은 즉각적인 효과가 있다. 더러는 즉석에서 즉각 병이 호전되는 경험을 하기도 한다. 손으로 만든 기장이 직접적으로 세포의 전자기장에 영향을 주어 세포에서 뿜어나 오는 기장을 신속히 바꿔 놓기 때문이다. 해서 손으로 특수한 자세를 취하면 새 기장이 만들어져 즉시 손이 가까이 있는 부위의 내장에서 찌릿찌릿한 느낌을 느끼거나, 그곳의 내장이 살아 꿈틀거리는 느낌을 느낄 수 있다.

일전에 지방으로 기공 개인 지도를 갔다. 40대의 한 여성이 소화불량으로 한참 고생해 나에게 상담을 요청했다. 그는 살아오면서 단 한 번도 기장이 무엇인지에 대해 얘기를 들어 본 적이 없었다. 그리고 나도 그에게 기장에 대해 입도 뻥긋하지 않았다.

그는 수년째 소화불량에 더해 만성 우울증을 앓고 있었는데, 위장의 기장을 바꾸는 수인을 내가 알려 주자 그 자리에서 내게 이렇게 말했다.

"신기해요. 위장 입구가 오므려졌다 벌어졌다를 반복해요. 이런 건 생전 처음 경험해요. 이게 뭐죠. 뿐만 아니라 위장 위에서 아래쪽으로 미세한 전류가 자르르 하고 계속 흘러내려요."

이는 손으로 만든 기장이 병든 위장에 작용해 그곳의 세포 기장을 변화시켜서 일어나는 신체 반응이다. 이런 반응들은 위장뿐 아니라 간, 심장, 폐, 콩팥은 물론이고, 뼈와 근육 어디에서라도 일어날 수 있다. 손의 자세만 바꾸면 얼마든지 내장과 뼈와 근육을 병든 기장에서 건강한 기장으로 바꿀 수 있다.

그는 위장의 기장을 바꾸는 수인을 배웠고, 집으로 돌아가 계속 위장을 조리했다.

정좌에 대해서는 차츰 다루겠지만, 육체의 질병은 대개 정신이 안정되지 못해서 생겨난다. 육체의 질병이 육체에서만 일어났다고 보는 견해는 육체라는 '그림자'만 바라보고 있는 것이다. 그 실질적인 배후에는 반드시 정신이 관여하고 있다. 따라서 육체의 질병을 바라볼 때는 질병의 배후에 어떤 정신적인 불안정이 육체로 영향을 끼치고 있는지를 반드시 살펴보아야 한다.

말없이 조용히 앉아 숨을 가라앉히고 내면을 찬찬히 들여다보면 정신 속에서 일어나고 있는 갖가지 생명 현상들을 마주하게 된다. 머릿속에서 생각이 이리저리 오가고, 가슴속에 켜켜이 묵혀 두었던 감정이 불쑥 솟아오르며, 여러 에너지들이 몸속 구석구석을 유동하고 있는 것을 알아차릴 수 있다. 이 모든 것을 말없이 조용히 들여다봐야 한다. 남의 일인 양 제삼자의 입장에서 말이다. 이때 우리는 정신이 어떻게 육체로 작용하는지를 비로소 깨달을 수 있다. 정신에서 틀 잡힌 대로

병든 몸을 건강한 몸으로 바꾸는
8가지 기공 비결

육체는 틀 잡힌다. 에드거 케이시는 말했다. "정신이 육체의 건설자이다."

궁극적으로 정신을 캐 보면 우리의 생명 에너지는 정신에서 솟아난다. 육체에서 느껴지는 생명의 힘은 정신에서 오는 일부의 힘을 느끼는 것이다. 말하자면 정신에서 솟아 흘러나오는 힘, 즉 기를 담는 형태이자 그릇이 육체이다. 그러므로 무엇보다 중요한 것은 자신의 정신에서 어떤 방식으로 어떤 경로로 기운이 육체 쪽으로 공급되고 흐르고 있는지를 명확하게 알아야 한다는 것이다. 이를 통해 정신에서 기운이 잘못된 방식과 경로로 육체로 공급된다면 그것의 방향을 전환할 필요가 있다. 이것이 병을 근본적으로 치료하는 지름길이 된다. 정좌 용어에는 이런 말이 있다. "몸이 지극히 고요해지고 고요해지면 마음은 죽고 정신이 되살아나 기운이 생동한다." 생명의 뿌리가 정신에 있다는 소리다.

30년간 각고의 노력으로 찾아낸 기공 비결은 당신의 삶의 행보에 있어서 전과 다른 건강과 행복과 진화를 가져다줄 것이다. 그리고 지금까지의 여느 건강법보다도 아주 효과 빠르게 당신의 몸과 마음과 정신을 동시에 향상시켜 줄 것이다. 그러면서 당신은 이런 기공 비결을 진작 알았더라면 훨씬 좋았을 것이라고 생각하게 될 것이다.

머리말에서 밝혔듯이, 나는 단 한 가지 바람을 갖고 이 책을 썼다. 그건 당신의 병든 몸이 건강한 몸이 되길 바라는 것이다. 그리고 더 원기왕성해지기를 바라는 것이다. 여기서 한 걸음 더 나아간다면, 당신의 몸이 진화해 마음과 정신에 대해서도 새 자각을 얻는 것이다.

　병든 몸을 건강한 몸으로 바꾸는 데 최대의 관건은 수많은 비결 중에 어떤 비결이 최고의 비결인가 하는 것이 아니다. 거기에 생명의 뿌리에 대한 자각이 얼마만큼 깊이 배어 있느냐가 가장 긴요하다. 즉, 생명의 뿌리와 생명력의 발현 원리에 대한 깨달음이 뼛속 깊이 스며 있어야 한다.

　나는 그런 자각을 기공 비결을 통해 하나씩 둘씩 깨우쳤다.

제2장

병든 몸을 건강한 몸으로 바꾸는 8가지 기공 비결

16

기공 비결 1 솔수(甩手), 목과 어깨가 아파 죽겠어요

무엇인가를 똑바로 오래 응시하고 있으면, 다른 사람들에겐 보이지 않는 어떤 것들을 발견하게 된다. 대개의 인간들은, 그저 정말 명백한 것을 찾아야 할 때조차도, 무언가 전혀 특별한 걸 보려고 애쓰는 실수를 범한다. _ 셀로모 벤 이차키

"목과 어깨가 낫고 싶다면 솔수하세요."

목과 어깨가 아프다고 호소하는 사람들에게 나는 이렇게 말한다. '솔수(甩手)'란, 중국어로 '손을 털다', '손을 흔들다'라는 뜻이다.

솔수는 어느 기공 비결을 막론하고 기공 비결을 단련하기에 앞서 하는 준비운동으로 안성맞춤이다. 이른바 약방에 감초 같은 비결이다. 이를테면 한 가지 기공 비결을 단련하기에 앞서 솔수를 5~10분 정도 먼저 한다. (솔수만 따로 단련할 때는 30분 혹은 1시간을 한다.) 이러면 팔로 통하지 않던 기혈이 이내 팔에 왕성하게 통하면서 다른 기공 비결을 익힐 때 상승효과가 나타난다. 팔의 경락이 통하면 몸통의 경락이 통하고, 몸통의 경락이 통하면 다리 쪽의 경락도 연쇄적으로 통하기 때문이다.

솔수를 하고 나면 양팔은 깃털처럼 가벼워지고, 묵직한 돌덩어리가

들어 있는 것처럼 아프던 어깨는 어느새 마시멜로처럼 말랑말랑해져 있다. 때론 팔과 어깨에서 아무 무게감도 느껴지지 않는다. 이는 기혈이 팔과 어깨로 두루 통해서 나타나는 현상이다.

요즘 목과 어깨가 아파서 죽겠다는 사람들이 부쩍 많아지고 있다. 당신도 알다시피 스마트폰이 보급된 뒤로 일자목 증후군과 오십견-요즘엔 10대, 20대도 오십견을 앓는다. 이러다간 꼬맹이들도 오십견을 앓을지도 모른다. 아니, 벌써 그러고 있다.-으로 통증을 호소하는 사람들이 날로 급증하고 있다. 이런 사람들을 볼 때면 나는 기공을 연구하는 한 사람으로서 이 솔수를 알려 주고 싶은 마음을 좀처럼 억누를 수가 없다.

"목과 어깨의 통증을 없애는 데는 솔수 만한 것이 없어요. 이게 그야말로 최고예요!"

라고 말하고 싶어서 입이 마구 근질거린다. 이상한 사람 취급받기 싫어 그에게 말을 걸지는 않지만 말이다.

어떤 운동법이든 그 정확한 요령을 배우지 않고서 막무가내로 하는 것은 운동을 안 하느니만 못하다. 따라서 솔수도 반드시 경험 있는 지도자에게 정확한 요령을 배워야 한다.

우선 솔수의 간단한 요령을 배워 보자.

1. 양발을 어깨너비로 벌리고 선다. 양발은 11자로 서로 평행을 이룬다.

2. 양손은 손바닥이 마주 보게 하여 나란히 앞쪽으로 들어 올린다. 이때 팔의 각도는 45도이다.

3. 양손을 자연스럽게 앞뒤로 흔든다. 팔이 뒤로 갈 때도 각도는 45도이다. 팔에 힘을 빼고 괘종시계의 추처럼 앞뒤로 계속 왔다 갔다 한다.

이게 솔수의 요령 전부다.

너무 간단하지 않냐고? 그렇다. 앞서 말했듯이 지극히 간단한 방법으로 얼마든지 지긋지긋한 오랜 통증에서 홀연히 벗어날 수 있다. 이 솔수는 중국, 타이완, 일본뿐 아니라 전 세계에서 통용되고 있는, 그야말로 전 지구적인 기공 비결이다.

타이완에 기공 책을 수집하러 갔다가 나는 기공사 리펑샨(李鳳山)을 알게 됐다.

한 서점의 서가에 그의 책이 꽂혀 있었다. 책 제목은 리펑샨 사부의 《평솔공平甩功》이었다. 솔수는 '평솔공'이라고도 불린다.

난 아주 오래전부터 솔수의 효능에 대해 깨달았고, 이를 학생들에게 줄곧 알려 주고 있었다. 솔수를 배운 학생들은 너나 할 것 없이 자신이 솔수를 하고 나서 달라진 점을 내게 말해 주었다.

"목과 어깨가 아주 편해졌어요.", "솟구쳐 있던 한쪽 어깨가 가라앉아서 이젠 양쪽의 수평이 맞아요.", "소화가 아주 잘 돼요.", "허리가 무척 가벼워요."

나는 기공 수업을 하면서 간간이 학생들에게 솔수를 가르쳤다. 솔수 하나만을 집중적으로 가르친 적은 없었다. 다만 솔수를 하면 늘 통증으로 고생하던 목과 어깨와 허리가 모두 풀리고 낫는다는 점은 누누이 강조했다. 한데 리펑샨은 이 솔수를 가지고서 정말 놀라운 일을 해냈다. 그는 타이완의 대륙 전체를 솔수로 뒤흔들어 놓았다. 이른바 '평솔공의 기적'이다. 책에 나온 사례를 옮긴다.

예1. 한 뇌 신경외과 의사가 대장암 3기 판정을 받았다. 3개월 동안 평솔공을 하고 암 덩어리가 완전히 사라졌다.

예2. 한 당뇨병 환자는 실명할 정도로 눈의 기능을 거의 상실했다. 평솔공을 6개월 단련하고 시신경의 망막이 재생됐다. 그의 주치의는 말했다. "이런 일은 본 적이 없다."

예3. 한 소아마비 환자는 평솔공을 단련하고 늘 짚고 다니던 지팡이를 버렸을 뿐만 아니라 심지어는 산을 오르기까지 했다.

책에 나온 내용을 순순히 100% 다 믿을 순 없겠지만, 여기에서 자연스레 한 가지 의문이 떠오른다. '평솔공이 정말 그런 기적을 가져다준다고? 그렇다면 대체 평솔공에 어떤 효과가 있는 걸까?'

리펑샨은 솔수의 효능을 이렇게 말했다.

"평솔공은 기혈을 하지 말단에 다 통하게 하여 몸속의 탁한 기운을 밖으로 배출한다. 또한 기혈이 오장육부에 모두 잘 흐르게 해서 기맥이 통하게 하고, **뼈**와 근육을 열어 주며, 전신을 민첩하게 만들어 준다. 이로 각종 심신의 질병을 낫게 한다. 겉보기에 평솔공은 매우 평범해 보이는 기공이지만 단련하면 할수록 평범하지 않은 효과를 낸다."

여태껏 나는 솔수의 효능을 그저 목과 어깨, 그리고 허리의 통증을 치료하는 데만 국한해 왔다. 하지만 솔수는 얼마든지 다양한 병증에 효능이 있는 것이다. 암, 당뇨병, 심지어는 소아마비까지.

건강에 지속적인 관심을 가지고서 건강 정보에 촉각을 곤두세우고 있다 보면, 언젠가는 그에 상응하는 양질의 정보를 얻곤 한다. 그러니까 자신이 투입한 에너지의 양만큼 큰 수확을 얻을 수 있다. 단언컨대, 솔수는 모두에게 한층 더 높은 건강의 누각으로 오르게 하는 지름길이 될 것이다.

앞서 거듭 강조했지만, 병을 고치는 기공 비결은 지극히 간단하다. 그러나 그 효과는 결코 간단치 않다. 이 장에서 자신에게 꼭 필요하다고 여겨지는 기공 비결이 있다면 그것을 손에 넣은 즉시 실행으로 옮겨 보라. 그럼 그것이 당신에게 어떤 효능과 쓸모가 있는지를 즉각 알려 줄 것이다.

17

30분,
까짓것 한번 해 보지

목표를 작게 조각내어 매번 성공하라. 그것이 버릇이 되면 어느새 큰 성공을 차지하고 있을 것이다. _ 슈퍼리치 김승호

병 치료를 목적으로 할 때는 솔수를 30분에서 1시간쯤 한다. 기혈이 피부에서 경락 속으로 충분히 스며들어 돌기까지는 대략 그 정도의 시간이 걸린다. 한의학에서는 말한다. "기혈이 온몸의 경락을 한 바퀴 다 돌고 원래의 자리로 돌아오는 데 걸리는 시간은 28분 48초이다."

리펑샨도 말했다.

"평솔공은 한 번에 적어도 10분을 한다. 하루에 세 번을 한다. 만약 한 번 할 때 30분 이상씩 한다면 그 효과는 매우 좋다!"

10분씩 나눠서 하루에 세 번을 해도 좋으나, 한 번에 30분을 하면 그 효과는 더욱 이상적이다. 10분씩 하면 대개 그 효과는 그저 피부에 그치고 만다. 경락 깊숙이 기혈이 두루 통하게 하려면 무엇보다 그만큼의 시간과 노력을 들여야 한다.

"지루해요.", "심심해요.", "자꾸 딴생각이 나요."

병든 몸을 건강한 몸으로 바꾸는
8가지 기공 비결

솔수를 30분 이상씩 하라고 하면 사람들은 대개 이런 반응을 보인다. 그러면 나는 그들에게 말한다.

"텔레비전 보면서 하세요.", "좋아하는 음악 있죠. 그거 틀어 놓고 하세요.", "딴생각해도 괜찮아요. 처음엔 다들 그래요."

물론 30분간 한 동작만 주구장창 한다는 건 지루하고 심심하고 따분하다. 나도 그렇기 때문에 그 기분을 잘 안다. 처음부터 30분을 내리하는 게 부담이 된다면, 10분씩 쪼개어 하루에 세 번 하는 방법을 권한다.

하지만 당신의 목표가 '병 치료'라면 얘기는 좀 달라진다. 30분이라는 시간을 절대 확보해야 한다.

오랜 경험으로 미루어 봤을 때도 솔수를 깨작거리며 하는 것과 진지하게 몰입해서 하는 것의 효과는 그야말로 하늘과 땅 차이다. 솔수에 깊이 빠져들다 보면 몸이 한결 개운해질뿐더러 정신까지 아주 평온해지기 때문이다. 그래서 리펑샨은 솔수의 앞에 '펑(平)'이라는 글자를 붙였다. 이 글자는 솔수를 하면 몸이 평화로워지고 더불어 마음이 평화로워진다는 뜻을 내포하고 있다. 병 치료는 언제나 심신을 동시에 치료해야 하는 법이다.

'30분, 까짓것 한번 해 보지.' 이런 마음가짐으로 솔수에 임한다면 당신의 병은 빠르게 호전될 가능성이 대단히 높다. 무엇이든지 한 가지 습관을 바꾸는 데는 그것이 익숙해질 때까지 꽤 무수히 많은 시간을 반복적으로 투자할 필요가 있다. 많은 뇌과학자가 이미 밝혔듯이 반복은 무의식에 각인되는 효과가 있다. 뭔가를 꾸준히 반복하는 시간은 틀림없이 당신을 배신하지 않고 그만큼의 열매를 도로 당신에게 돌려줄 것이다.

나는 '잠이묵화(潛移默化)'라는 말을 좋아한다. 어떤 말이나 행동, 그리고 습관이 잠재의식 속으로 스며들어, 그것이 침묵과 고요 속에서 변화를 일으킨다는 뜻이다. 다시 말해 의식적으로 반복하는 말이나 행동이나 습관이 무의식으로 들어가 조용한 혁명을 일으키는 것이다. 이는 기공 비결을 익힐 때뿐 아니라 사회생활 전반에도 적용될 수 있는 금언이다.

일단 솔수를 10분부터 시작해 보라. 10분을 하다 보면 어느새 15분을 할 수 있고, 15분을 하다 보면 금세 30분도 할 수 있다. 분명 솔수는 당신이 한 만큼의 결과를 고스란히 당신에게 돌려줄 것이다.

리펑샨은 말했다.

"솔수를 10분 하면 기혈이 온몸을 원활하게 돌고, 다시 10분을 하면 기혈이 몸속의 피로한 곳으로 들어가 피로를 해소하기 시작하며, 또다시 10분을 하면 기혈이 병든 곳으로 가 병을 조정하기 시작한다."

18
100일의 기공 혁명

나는 한 걸음 뒤로 물러나서, 나를 통하여 일어나는 그 일을 일어나도록 만든다. _ 로렌츠 마티

하루에 30분 이상 100일을 꾸준히 기공 비결을 단련하면, 당신은 병든 몸을 건강한 몸으로 바꿀 수 있다.

"그런데 왜 굳이 100일이죠?"

사람들은 100일이면 몸에 혁명이 일어난다고 말하면, 으레 내게 이렇게 묻곤 한다.

하지만 100일은 최소의 시간이지, 결코 절대적인 시간은 아니다. 100일 정도면 앞서 언급한 '잠이묵화'의 단계까지 어느 정도 진입할 수 있다는 뜻이다. 이는 누가 하라고 시키지 않아도 으레 습관적으로 그걸 하고 있는 자신을 발견하는 단계에 들어갔다는 걸 의미한다.

날마다 시간을 정해 솔수를 100일 동안 30분씩 하면, 그 시각에 생각하지 않아도 어느새 자기도 모르게 솔수를 하고 있는 자신을 발견하게 된다. 이는 머리로 생각하고 하는 게 아니다. 몸이 알아서 그렇게 시키

는 것이다. 이럴 때 당신의 반복적인 습관은 의식에서 무의식으로 옮겨 갔다고 볼 수 있다. 말하자면, 100일이란 시간은 한 가지 기공 비결을 의식에서 무의식으로 옮기기 위한 최소 시간이다.

처음엔 의식적으로 노력하라. 하지만 100일 뒤에는 의식적인 노력을 버리고 무의식이 하게 두라. 그러면 병 치료의 효과는 눈에 띄게 향상된다.

병은 의식이 치료하는 것이 아니다. 병은 전부 무의식에서 치료하는 것이라 해도 과언이 아니다. 100일의 반복적인 습관으로 당신은 의식을 사용하지 않고도 얼마든지 무의식적으로 기공 비결을 단련할 수 있게 된다.

이때 의식에 사용되는 에너지는 상대적으로 줄어들고, 반면에 무의식에서 흘러나오는 에너지는 점점 증가하게 된다. 의식과 무의식의 법칙 중 하나는 의식을 쓸 때 무의식의 에너지는 뒤로 멀찌감치 물러나 있고, 의식을 쓰지 않을 때 비로소 무의식의 에너지는 단단히 걸어 잠근 문을 열고 나와 육체 쪽으로 방대하게 흐른다는 것이다.

100일 동안 기공 비결을 꾸준히 반복해서 단련하라. 그다음, 의식적으로 하던 모든 노력을 버려라. 그다음, 늘 하던 대로 기공 비결을 단련하되, 이젠 의식이 아니라 무의식이 하게끔 내버려 두라.

이때는 시간에 대한 느낌이 종전과는 사뭇 달라진다. 놀랍게도 30분이 아니라 30분 이상을 해도 시간 가는 줄 모르고 단련하고 있는 자신을 발견하게 된다. 머리가 몸을 움직이는 단계에서 한 걸음 더 나아가 몸이 몸을 저절로 움직이는 단계까지 들어간 것이다. 이럴 때 몸은 최상의 치료 상태에 놓이게 된다. 그리고 그 최상의 치료가 점점 더 깊게 진행되면 될수록 노력하지 않고도 절로 원기가 증강하고, 저절로 정신까지도 향상되며 진화되는 결과를 낳는다.

100일간 기공 비결을 단련하면 얻게 되는 것은 다름 아닌 머리로 몸을 움직이는 것보다 몸이 몸을 저절로 움직여 갈 때 비로소 그 치료 효과가 높아진다는 점이다. 따라서 머리로 몸을 치료하려 들지 않는 게 상책이다. 다만 당신이 해야 할 단 한 가지는 몸이 몸을 스스로 움직이는 무의식 단계까지 들어가도록 매일 같은 시간에 똑같은 기공 비결을 꾸준히 반복해서 단련하는 것이다.

병 치료는 무의식이 한다. 당신이 병을 치료한다는 것은 말이 되지 않는다. 100일을 기공 비결을 꾸준히 반복해서 단련하라. 그리고 당신의 무의식이 당신 자신의 몸을 어떻게 놀랍게 치료해 나가는지를 두 눈을 크게 뜨고 잘 지켜보라.

19

기공 비결 2 금광요안(金光曜眼), 시력을 좋게 하는 비결

배움은 머릿속에 들어 있을 때가 아니라, 움직이고 행동으로 옮겨질 때 비로소 가치를 만들어 낼 수 있다. _ 이노우에 히로유키

근시, 난시, 노안, 안구건조증, 백내장, 녹내장 등등. 눈에 관련된 질환은 이루 헤아릴 수 없이 많다. 평소 눈을 건강하게 관리해 나간다면 이런 질병들에 걸릴 위험은 훨씬 줄어들 것이며, 오래도록 건강하고 밝고 투명한 눈을 가질 수 있을 것이다.

눈은 아침에 눈 뜨는 순간부터 잠들기 전까지, 그야말로 쉴 새 없이 혹사당하고 있다. 어쩌면 눈에 질병이 생기는 건 당연한 일인지도 모른다. 눈의 피로가 극에 달해 눈에 피로가 누적되면서 차츰 병으로 발전하는 것이다. 매일 눈을 관리하지 않는다면 나중엔 되레 눈이 당신에게 이렇게 말할지도 모른다.

"이봐, 진심인데 말이야. 나 눈 뜨고 싶지 않아."

지금 당장 눈을 관리해야 한다.

눈을 좋게 하는 기공 비결은 눈의 질환만큼이나 그 수가 많다. 하지

만 나는 언제나 효과가 가장 신속하고 가장 좋은 것을 꼽는다. 이 기준에 의해 기타의 기공 비결들은 두 번째, 세 번째로 등급이 매겨진다. 이를테면 A, B, C 등급 순이다.

눈을 좋게 하는 비결 중 단연 우수한 것은 향공(香功, 불가기공의 한 종류로 이 기공을 단련하면 몸에서 향기가 난다고 해서 향기로운 기공, 향공으로 불린다.)의 '금광요안(金光曜眼)'이다.

1. 양손의 엄지와 검지를 오리 입처럼 오므린다. 나머지 세 손가락은 자연스럽게 구부린다.

2. 오리 입 모양의 손을 손바닥이 위로 가게 하여 배 앞에서 서로 마주 보게 한다. 손 사이의 간격은 30㎝ 정도로 띄운다. 1분 동안 그대로 멈춘다. 이러면 이내 손에 기장(氣場)이 만들어진다.

3. 기장이 만들어진 오리 입의 손을 천천히 눈으로 가까이 가져간다. 이 모습은 흡사 양손에 망원경을 쥐고서 멀리 있는 풍경을 바라볼 때와 같다. 1분간 멈춘다. 이때 주의할 점은 오리 입 모양의 손가락이 눈에 닿지 않게 하는 것이다. 기장은 특성상 피부와 직접 접촉하지 않아야 훨씬 더 잘 만들어진다.

4. 1, 2, 3을 여러 번 반복한다.

'금광요안'은 '눈부신 황금처럼 번쩍번쩍 빛나는 눈'이란 뜻으로, 오리 입 모양을 만든 손가락에 형성된 전자기장에 공기 중의 빛 입자가 모여들고, 그 모여든 빛 입자를 눈으로 가져가 눈에 부어 넣으면 두 눈이 황금처럼 눈부시게 번쩍거리면서 오래도록 밝아진다는 것이다.

이를 기공 용어로는 '관기(灌氣)'라고 하는데, 여기서 '관(灌)'이란 물 댈 관, 씻을 관으로 농사지을 때 논밭에 물을 대는 것을 일컫는다. 즉, 관기란 피로에 찌든 어두운 눈에 손의 기장에 모은 빛을 부어 넣고, 그 빛으로 눈을 샤워해서 눈을 보다 빛나고 보다 눈부시게 만든다는 것이다.

금광요안을 줄곧 단련한 어떤 이는 이렇게 말했다. "금광요안을 하고 나서 내 눈에 보이는 모든 사물들의 윤곽이 더없이 또렷하고 밝아졌다." 물론 개인마다 자신이 가진 기장의 밀도와 강도에 따라 나타나는 효과가 어느 정도 차이가 있긴 하겠지만, 대다수의 사람들은 이 금광요안을 하고 나면 눈이 시원해지고 밝아지는 것을 으레 경험하곤 한다.

앞서 당부했듯 당신의 일상이 눈코 뜰 새 없이 바쁘더라도 눈의 건강만큼은 반드시 제때에 챙기도록 하자. 눈을 제때에 잘 돌보고, 피로하지 않게 하며, 그에 더해 금광요안으로 계속 눈에 빛(기)을 더해 주면, 눈은 황금같이 오래도록 눈부시게 광채를 발할 것이다. 무엇보다도 당신의 눈은 제발 그렇게 하길 바라고 있다.

기공사 텐뤠이셩의 《향공》에서는 금광요안으로 당신의 시력이 좋아지는 원리를 이렇게 말한다.

눈 둘레에는 수많은 혈자리가 있다. 나열하면 사죽공, 찬죽, 어요, 청명, 승읍, 사백 등이다. 당신의 오리 입 모양의 손을 눈언저리로 가져

가면 손바닥 가운데에 있는 노궁혈로부터 기운이 발산돼, 이러한 혈자리를 직접 손을 대지 않고도 안마하게 된다. 즉, 기가 손을 대신해 눈의 혈자리를 속속들이 주무른다. 이는 눈에 기혈을 원활히 공급해서 눈의 시력을 직접적으로 좋게 한다.

20

기는 세포의 운동이고, 기감은 세포가
운동하며 만들어 낸 에너지이다

단지 이론들을 찾는 것이 아니라 우주와 조화를 이루어 자연에 반응한다. _ 아인슈타인

엄지와 검지를 오리 입 모양으로 만들면 손에 기장(氣場)이 만들어
진다. 기장이 형성되면 기감(氣感)이 느껴진다. 기감은 기의 느낌이
다. 시큰거리거나 아프거나 저리거나 간지럽거나 부풀어 오른다. 시
큰거리는 것은 몸속의 누적된 피로가 덜어질 때 나타나는 반응이고,
아픈 것은 막힌 경락이 통할 때 나타나는 반응이며, 저린 것은 막혀 있
던 혈자리나 경락에 기운이 계속해서 몰려가면서 그리로 미세한 전류
가 흐를 때 나타나는 반응이고, 간지러운 것은 기운이 그곳에 가고 있
는 반응이며, 부풀어 오르는 것은 평소 잘 통하지 않던 사지 말단에 기
운과 혈액이 왕성하게 흐르면서 나타나는 반응이다.

손을 오리 입 모양으로 만들면 두 손가락 사이에 기장이 만들어지
고, 이윽고 기감이 발생한다. 이런 기감은 양손을 마주 보게 해도 똑같
이 나타나는데, 다만 그 반응점과 반응 양상이 조금 다르다. 손바닥 전

체로 다른 종류의 기감이 나타난다.

양손을 마주 보게 하고 양손을 벌렸다 좁히기를 반복하면 손에 시큰거림, 아픔, 저림, 간지러움, 부풀어 오름 등의 감각보다는 양손바닥에 일종의 저항력이 느껴진다. 흡사 서로 같은 극의 자석을 갖다 댄 것처럼 손바닥이 서로 밀치거나, 서로 다른 극의 자석을 갖다 댄 듯이 서로 끌어당긴다. 그러니까 양손 사이에 자석처럼 척력과 인력이 느껴진다. 이는 대다수의 사람들이 가장 많이 느끼는 기감이다.

사실 이런 종류의 기감을 가지고서 사람들은 기가 존재한다는 것을 힘주어 말하곤 한다. 하지만 여기에서 기감이 어떻게 발생하는지에 대한 구체적인 언급은 전혀 없다. 그들은 두루뭉술하게 그냥 양손 사이에 기가 오고 가면서 기가 느껴지는 것이라고 둘러댄다. 애매모호해도 정말 애매모호하다. 이건 그들이 기감에 대해 확실히 알지 못해서이다.

'기란 무엇이고 기감은 어떻게 생겨나는가?' 나는 이 문제를 꽤 오랫동안 궁리해 왔고, 그 결과 마침내 한 가지 만족할 만한 해답을 찾았다.

중국 기공과학 연구회 특약 회원이자 석가장(石家庄) 기공학교 교장인 기공사 꿔즈천은 말했다.

"기의 본질은 무엇인가? 그것은 세포의 개합(開合, 열고 닫히는) 운동이다. 기공을 단련하면 세포의 운동 상태가 바뀌고, 세포의 운동 폭이 증강하며, 세포의 운동 속도가 가속화된다."

이 말은 기공 단련을 통해 세포가 더 크고 더 강하게 더 빠르게 운동하면서 세포 사이에 에너지의 복사와 이동이 더 활발히 일어난다는 얘기다. 즉, 손바닥 사이에 있는 기를 우리가 느끼는 것이 아니라 실은 양손바닥에 있는 세포들이 활발히 운동하면서 만들어 낸 에너지의 교류를 느끼는 것이다.

꿔즈천은 이 기의 본질에 더해 기감에 대한 정의를 이렇게 쐐기 박았다.

"그렇다면 기감은 어떻게 생겨날까? 납기법(拉氣法, 손바닥을 마주 보게 하고 벌렸다 좁히는 것)을 예로 들면, 손이 서로 벌어지고 좁혀질 때 손바닥 속의 세포 운동에 변화가 크게 일어나 세포끼리의 에너지 복사가 더 강하게 일어나며 비로소 기감이 생겨나는 것이다. 말하자면 손바닥의 세포 사이에서 대량으로, 그리고 다량으로 에너지가 석방된다."

세포는 시시각각으로 열리고 닫히는 운동을 하면서 끊임없이 에너지를 밖으로 발산하고 있다. 기공을 단련하는 사람들은 이 세포에서 밖으로 발산되고 풀려나는 에너지를 조절해 병을 치료하고 건강을 증진하며 정신을 향상시킨다. 보통 사람들은 그저 세포에서 일어나고 있는 에너지를 속수무책으로 밖으로 달아나게 할 뿐이다.

기공을 직업으로 삼는 기공사나 연구가가 알아야 할 법한 다소 난해한 내용이긴 하지만, 우리는 기가 그저 신체에서 아무렇게나 발생하고 있는 것이 아니라는 사실을 알게 되었다. 어느 분야를 막론하고 올바른 지식을 갖추고 있지 않으면, 자신도 엉뚱한 방향으로 헤매지만 뒤

따르는 사람들도 자기처럼 안개 속을 헤매게 만든다. 결국 인생의 소중한 시간과 돈과 노력을 허비하게 한다.

양손바닥을 가슴 앞이나 배 앞에서 마주 보게 하여 좁혔다 벌리기를 반복하면 양손바닥 사이에 있는 세포들의 열리고 닫히는 운동이 더 크고 더 강하게 더 빨라지면서 세포에서의 에너지의 교류가 평소보다 배이상으로 늘어난다. 이것에 그치지 않고 한발 더 나아가 이렇게 활발히 교류되는 에너지를 밖으로 달아나지 않게 막고, 그것을 신체로 되돌리면 병든 곳의 병든 세포들은 새 에너지를 얻어 기운을 차리고 건강한 세포로 거듭나게 된다. 이를 통해 병든 몸은 건강한 몸으로, 건강한 몸은 더욱더 원기 왕성한 몸으로 바뀌게 되는 것이다.

기와 기감의 정의를 정리하면,

- 기는 세포의 열리고(개) 닫히는(합) 운동이다.
- 기감이란 세포 사이에서 일어나는 에너지의 교류를 감각으로 느끼
  는 것이다.

병든 몸을 건강한 몸으로 바꾸는
8가지 기공 비결

21

우주의 빛 입자는
힘과 치유와 지혜를 가져다준다

빛은 살아 있으면서 모든 정보를 지니고 있으므로 빛이야말로
생명의 전달자라는 것도 알았다. _ 돈 미겔 루이스

우주에는 다종다양한 형태의 빛 입자가 흐르고 있다. 그 빛 입자는
시시각각 우리의 세포들에 영향을 주면서 병에서 낫게 하고, 기력을
더해 주며, 정신을 승화시키기도 한다. 이것은 우주에 있는 하나의 보
편적인 법칙이자 엄연한 사실이다.

과학은 아직까지 우주에 있는 법칙들을 전부 다 밝혀내지 못하고 있
다. 과학이 전혀 더듬지 못하는 것들이 훨씬 더 많다. 과학은 그저 인
류가 우주에 대해 인식할 수 있는 범위 내에서만 우주의 법칙들을 알
아내고 파악하고 증명할 뿐이다. 그러니까 인류의 보편적 인식을 벗어
난, 과학이 도무지 더듬지 못한 법칙들은 여전히 신비 속에 존재하고
있다.

한데 드물게도 어떤 이들은 과학이 손을 내뻗어도 더듬지 못하는 우
주의 신비로운 법칙들을 더듬었다. 그러고는 그들은 그것을 삶에 이용

해 자신과 타인의 병을 고칠 뿐 아니라 기력을 크게 증강시켰으며, 정신까지도 일약 승화시켰다.

이제부터 내가 당신에게 말하고자 하는 이 메시지에 이왕이면 당신의 귀와 눈과 가슴을 활짝 열기를 바란다. 평소보다 좀 더 주의를 기울이기를 바란다.

우주에는 빛 입자의 형태로 다양한 힘이 흐르고 있다. 그 빛 입자는 생명을 가지고 있는 물질이다. 놀랍게도 지성도 갖고 있다. 인간처럼 특별히 뇌가 장착돼 있는 디자인도 아닌데도, 분명 그것은 저마다의 역할과 수행할 바를 따라 아주 똑똑하게 자기 일을 빈틈없이 처리해 나간다. 해서 어떤 때는 빛 알갱이가 인간보다 훨씬 더 똑똑하다고 여겨질 때가 더러 있다. 솔직히 말해 인간보다 훨씬 똑똑하다.

어려서부터 나는 그 빛 입자들이 공기 중에 가득 차 흐르고 있는 걸 매일 '보았다.' (그것은 공기 중에 떠다니는 반짝이는 작은 별 같았고 광채를 발하는 다이아몬드 같았다.) 일부러 의식해서 그것을 보려고 했던 건 아니었다. 그냥 보였다. 보여서 '보았던 것이다.' 때로는 '저게 뭘까?' 하고 호기심에 차 몇 시간씩 그걸 뚫어져라 쳐다본 적도 있지만, 보다가 눈이 뻘게지면 이내 거들떠보지도 않았다.

하지만 인정하지 않으려야 인정하지 않을 수 없는 사실이 하나 있었다. 그건 그 빛 입자가 도처에 가득 차 있다는 것이었다. 시간과 장소를 불문하고 언제나 어디서나 있었다. 심지어는 똥 누러 화장실에 가 변기에 앉아 있을 때조차도 나를 졸졸 따라다녔다. (그것에 사람처럼 눈이라도 달려 있었더라면 똥 누다가 참으로 민망했을 것이다.) 자려고 잠자리에 누워 있을 때도 바닥은 물론이고 천정에도 다닥다닥 붙어 있었다. 그러니까 24시간 365일 언제나 아무 데나 있었다. 그러다 보니 그것이 스토커처럼 나를 귀찮게 따라다니는 건 아닌가 하고 생각할 때도 있었지만, 나중에 생각해 보니 그건 아니었다. 요컨대, 빛 알갱이는 내 의사와는 상관없이 아무 때나 아무 곳에나 있었다.

어릴 적 나는 병마로부터 벗어나기 위해 안간힘을 썼다. 그러던 중 우연찮게 참장(站桩, 꼼짝 않고 서 있는 기공 기술)이라는 기공의 기술을 터득해 마침내 지긋지긋한 병마로부터 홀연히 벗어났다. 참장을 하면서 나도 모르는 사이에 내부의 기력이 놀라울 정도로 증진되었고 강해졌다. 즉, 병마를 벗을 수 있는 힘이 어느덧 내부에서부터 자라난 것이다.

앞서 말했듯이 기는 세포의 열리고 닫히는 운동이다. 병든 사람은 그 세포의 개합 운동 능력이 현저히 떨어진다. 세포의 운동이 작고 미세하며 거의 움직임이 없다. 이런 비실비실한 세포를 보면 얼마 못 가 꼭 죽을 것만 같다. 반면에 건강한 사람은 세포의 운동이 크고 강하며 빠르다. 한마디로 팔팔하다. 말하자면, 기공은 모든 사람에게 있는 그런 세포의 개합 운동을 작고 미세하고 움직임이 없는 상태에서 훨씬 더 크게 더 강하게 더 빠르게 탈바꿈시키는 것이다. 다시 말해, 내가 참장이란 기공 기술을 통해 얻은 것도 바로 훨씬 더 크고 강하고 빠른 세포의 개합 운동이었다.

그뿐만이 아니었다. 참장을 하면서 두 눈으로 직접 확인한 게 있다. 평소 보이던 공중에 가득 찬, 공간을 가득 메운 그 빛 입자가 참장을 하면 무더기로 내게로 몰려든다는 것이었다. 비유하면 그것들은 마치 고장 난 자동차에 달라붙은 여러 명의 전문 수리공처럼 내 팔과 몸통과 다리에 다닥다닥 붙어서는 피부를 뚫고 근육 속에, 혈관 속에, 그리고 내장 속에 스며들어 갔다. 그러고는 일사불란하게 몸의 고장 난 곳을 착착 수리하기 시작했다.

또한 참장을 30분쯤 하고 나면 나는 으레 몸속과 몸 밖에 가득 찬 빛의 광휘를 느끼고 보곤 했다. 대개는 손 아래쪽에서부터 땅바닥 전체로 빛이 크고 강하고 넓게 퍼져 나갔는데, 그 빛이 공간에 점점 더 넓게 퍼져 나갈수록 그에 비례해 내 몸은 더욱더 강해져 갔다. 그럴 때마다 나는 흡사 영화 속에 나오는 슈퍼히어로가 된 것처럼 온몸에서 충만한 기력이 마구 솟구치는 걸 느끼곤 했다.

참장을 하면 할수록, 그 기력의 충만감은 더욱더 커지고 강해졌다. 참장이야말로 인간이 발명하고 고안해 낸 기력 증강의 비결 중 단연코 정상에 우뚝 서 있다고 나는 감히 단언할 수 있다. 꼼짝 않고 서 있으면 거짓말처럼 기력이 몇 배 이상으로 강해진다. 대체 어떤 원리에 의해 그게 가능한 걸까?

우주 공간에는 빛 입자가 '힘과 치유와 지혜'라는 정보를 담고서 흘러 다니고 있다. 나는 그것이 참장을 할 때 내게 힘과 치유와 지혜를 가져다주었다는 걸 익히 알고 있다. 그러니까 내가 어릴 적부터 보아

병든 몸을 건강한 몸으로 바꾸는
8가지 기공 비결

온 그것은 우주가 나와 당신을 위해 준비해 둔 진정한 치료사들이다.

하지만 당신이 그 빛 입자를 억지로 끌어당기려고 의식으로 어떤 용을 쓴다면, 되레 빛 입자는 당신에게서 멀찌감치 도망가 버리고 만다. 인간의 욕심은 그것으로부터 모조리 힘을 빼앗아 버린다. 설령 어찌어찌해서 욕심으로 당긴 그것이 당신의 몸에 들어간다 치더라도 들어간 즉시 그것은 그 순수한 빛을 모조리 잃어버린다. 한마디로, 빛 입자가 가진 모든 빛이 암흑 속으로 깡그리 사라진다.

이런 얘기를 하면 "당신은 보이지 않는 걸 가지고 잘도 떠벌리고 있군 그래." 하고 말할지도 모른다. 당연하다. 이제껏 당신은 우주의 그 빛 입자를 본 적이 없고, 그것이 우리에게 무엇을 선물해 주고 있는지를 단 한 번도 경험해 본 적이 없기 때문이다. 나는 경험했고, 당신은 경험하지 못했다. 나와 당신 사이에는 단순히 이런 차이가 있을 뿐이다.

당신이 믿든 안 믿든 상관없이 그것은 우주의 하나의 보편적 법칙으로 엄연히 존재하고 있다. 지금 이 순간에도 당신의 주위에서 그 일은 버젓이 벌어지고 있다. 당신이 병들어 있는 상태라면 더더군다나 이를 주의 깊게 생각해 볼 필요가 있다. 왜냐? 우리가 그 사실을 인식하고 있는 것과 전혀 인식하지 못하는 것은 엄청난 차이를 불러오기 때문이다.

그 빛 입자를 자신에게로 끌어당기기 위해 결코 상상을 더하지는 마라. 여기에서 상상은 불필요하다. 다만 우주의 모든 공간에는 그것이 있고, 그것은 힘과 치유와 지혜를 당신에게 선물하고 있다는 단순한 진리만을 알고 있으면 된다. 이거면 충분하고도 남는다. 단언컨대 하루에 단 한 번이라도 고개를 들어 우주 공간을 올려다보면서 거기에 가득 찬 빛 입자를 인식하는 것만으로도 당신은 빛 알갱이로부터 무한한 힘과 치유와 지혜를 얻을 수 있다.

이쯤에서 당신에게 한 가지를 물어보고 싶다.

"당신의 병든 몸을 건강한 몸으로 바꾸는 '그것'은 대체 무엇인가?"

종종 우리는 신문 기사에서 암에 걸린 사람이 산속에 들어가 몇 년 있다가 암이 기적적으로 완치되어 도시로 멀쩡히 돌아왔다는 얘기를 듣곤 한다. 그가 별다른 의학적 치료를 받은 것도 아닌데도, 그저 산속에서 있기만 했는데도 암이 멀쩡하게 나은 것이다. 이것은 도대체 어떻게 설명할 수 있을까?

도시보다 산이 공기가 좋아서일까? 아니면 도시보다 산에서 먹는 음식들이 더 유기농이라서일까? 그도 아니면 도시보다 산이 상대적으로 스트레스가 덜해서일까?

우주의 법칙을 알면, 그 명확한 해답을 알 수 있다. 산은 도시보다 빛 입자가 다량으로, 그리고 대량으로 존재한다. 산에는 훨씬 더 순수하고 더 강한 빛 입자가 이루 헤아릴 수 없이 많이 밀집돼 있다. 그 밀도와 강도와 농도가 도시보다 산속이 몇 배 이상이나 높다. 그 때문에 산에 가면 병든 몸이 건강한 몸으로 다시 바뀌는 것이다. 이것이 병자들이 산에 가면 멀쩡하게 낫는 가장 명확한 설명이자 답이다.

거듭 강조하지만, 그저 의학적 치료나 음식 요법이나 정신 요법만으로는 병든 몸이 건강한 몸으로 바뀌지 않는다. 반드시 우주에 흐르고 있는 다종다양한 빛 입자가 우리를 선택해 다가오도록 우주에 대한 자신의 인식을 한층 드높여야 한다.

병든 세포는 어둡고 건강한 세포는 빛난다. 이것도 이미 과학으로 밝혀진 사실이다. 몸속에 빛 입자가 적은 사람(어두운)은 병들 확률이 높으며, 빛 입자가 많은 사람(빛나는)은 병들 확률이 낮다. 사람은 누구나 빛 입자를 먹고, 품고, 내뿜으며 살아간다. 다만 빛 입자에 대한 통찰과 이해가 없을 뿐이다.

병이 낫고 싶다면, 건강하고 원기 왕성한 삶을 누리고 싶다면, 자기 자신의 힘이 전부라는 생각을 내려놓고, 우주의 빛 입자로부터 오는 힘과 치유와 지혜에 당신의 눈과 귀와 가슴을 활짝 열어 놓아야 한다. 그리고 우주의 법칙을 깊이 이해해 우주의 법칙대로 살아가는 지혜를 더욱더 키워 나가야 한다.

22

저는 100일 동안 무조건 할 거예요, 이메일로 보고할게요

지금이 아니라면, 언제? _ 《탈무드》

손의 형태를 변화시키면 손에서 발생하는 세포 사이의 개합 운동과 에너지 교류를 더 크게 더 강하게 더 빠르게 바꿀 수 있다. 그리고 이 것을 밖으로 흩어지지 않게 하고 손 사이에 모아 기장을 만들면, 그 기 장이 영향을 미치고 있는 근육과 뼈와 내장의 세포의 운동도 동시에 바꿔 놓을 수 있다. 훨씬 더 크게 더 강하게 더 빠르게 말이다. 이것이 바로 병이 낫는 원리이자 비결이다.

아주 단순한 손동작으로 이 사실을 확인할 수 있다. 만약 당신이 이 단순한 손동작을 배운다면, 평생 동안 보장이 확실한 건강 보험 하나 를 든 것이나 매한가지다. 그리고 그것은 당신이 약을 먹는 횟수를 줄 여 줄 것이며, 동시에 병원에 진료를 받으러 가는 횟수도 줄여 줄 것이 다. 경제적인 면으로 봐도 실로 엄청난 이득이다.

손은 우리가 가진 잠재력을 꺼내 쓸 수 있는 열쇠이다. 때때로 나는

병든 몸을 건강한 몸으로 바꾸는
8가지 기공 비결

손이 그토록 무한한 능력을 갖춘 사실에 대해 새삼 놀라곤 한다. 무엇보다 손의 불가사의하고 무한한 능력과 기술을 누군가에게 전수해 주었을 때 나타나는 반응에 깜짝 놀란다.

서울 신사동의 한 불교 포교원에서 기공을 강의할 때였다.

어느 날, 평소 못 보던 스님들이 서너 명 와 있었다. 강의 시작 10분 전이었다. 그냥 조금 있다가 차나 한잔 마시고 가겠지 하고 생각했다. 그런데 포교원 주지 스님이 내게 말했다.

"이분들도 같이 기공 강의를 들어도 될까요?"

물론 대환영이었다. 자나 깨나 내 소망은 단 한 사람이라도 기공을 더 배우는 것이기 때문이다. 기공 강의가 시작되자, 신도들이 삼삼오오 모여들었다. 놀러 온 스님들은 신도들의 맨 뒷줄에 섰다.

나는 평소처럼 강의했다. 막혀 있던 어깨와 목과 팔의 긴장을 푸는 데 가장 효과가 좋은 솔수를 했고, 그다음에는 장소가 장소이니만큼 불가 쪽에서 수백 년 동안 대대로 전수되어온 향공을 했다. 마지막엔 내부의 기운을 증강시키는 데 단연 최고인 참장을 했다. 참장을 마무리하면서 수인에 대해 잠깐 언급했다.

"손 모양을 바꾸면 손의 기장이 바뀝니다. 이 바뀐 손의 기장이 근육과 뼈와 내장에 작용해서 병을 치료하고 몸을 건강하게 하며 원기 왕성하게 바꿔 놓습니다. 단지 손 모양만 바꾸면 됩니다. 수인에 대해서는 다들 익히 알고 계시죠?"

그러고는 기초적인 수인을 하나 알려 주었다.

여느 때처럼 강의는 순조롭게 끝났다. 그리고 여느 때처럼 나는 강의를 마치고 주지 스님과 가볍게 인사를 나누고는 강의장을 빠져나오려고 했다. 그런데 주지 스님이 나를 불러 세웠다. 다짜고짜 사무실로 가자고 했다. '무슨 일일까?'

가 보니 사무실에는 아까 맨 뒷줄에 서서 기공을 따라 했던 스님들이 둥글게 앉아 있었다. 그중 키가 훤칠하고, 물론 머리를 빡빡 민 30대 중반의 비구(남자 스님)가 나를 보고 싱긋 웃으며 너스레를 떨었다.

"잘생긴 기공 선생님, 하하, 저희랑 차 한잔하고 가세요."

나머지 스님들은 연배가 높았다. 50대와 60대였다. 그들은 말수가 적고 점잖았다.

스님들과 차를 마시면서 그 30대 비구 스님이 자리에 앉는 순간부터 일어날 때까지 가장 명랑하고 가장 수다스러웠다. 그는 좌중의 분위기를 공중으로 '붕' 띄우기도 하고, 너무 높이 띄웠다 싶으면 이내 땅으로 '착' 가라앉혔다. 그야말로 분위기를 쥐락펴락했다. 하지만 모두들 유쾌한 기분이었다. 다행히도 30대 남자는 사람을 불쾌하지 않게 하는 말투와 태도, 그리고 익살을 천부적으로 두루 지니고 있었다.

몇 분이나 흘렀을까. 잠시 뒤, 나는 그들이 단순히 차만 마시자고 날부른 게 아니라는 사실을 알았다. 수다스러운 30대 비구 스님이 조심스럽게 운을 뗐다.

"기공 선생님께 부탁드리고 싶은 것이 있습니다. 아까 강의 끝부분에서 말한 수인에 대해 좀 더 구체적으로 알려 주실 수 있을까 해서요.

저는 그걸 꼭 배우고 싶습니다."

대부분의 스님은 신도들에게 매우 공경받고 있어서 자존심이 꽤나 높다. 해서 일반 사람들에게 머리를 숙이면서 뭔가를 쉽게 부탁하지 못한다. 아니, 안 한다. 그런데 그가 그런 높디높은 자존심을 낮춰 나에게 간곡히 부탁을 하는 것이었다. 뭐랄까. 그는 그릇 크기가 좀 남다른 듯했다.

"수인에 대해 알고 싶으세요? 혹 어디 불편한 데라도 있으세요?"

알고 보니 그는 미얀마로 유학을 간 수행승이었다. 한국에는 잠시 쉬려고 나온 게 아니라 아파서 나왔다. 미얀마에 가서 집중적으로 수행을 해서 깨달음을 얻겠다고 불타는 의지를 갖고 미얀마로 갔지만, 미얀마에서 수행하면서 결국 위장이 망가졌다.

한국에서도 본래 위장은 좋지 않았다. 음식을 잘 소화하지 못했는데 미얀마의 음식은 더더군다나 위장에 맞지 않았다. 먹고 나면 으레 속이 더부룩하고 거북했다. 소화제를 먹지 않으면 전혀 소화가 되지 않았다. 소화제를 노상 달고 살면서 만성 소화 불량을 앓았다.

이러기를 일 년이 넘게 지속하다 보니 위장뿐만 아니라 전신의 기력이 급격히 쇠하기 시작했다. 당연히 먹지 못하니 기력이 떨어질 수밖에 없었다. 수행은 좀처럼 되질 않고 도리어 계속 몸이 병들어 가는 통에 병에만 온 신경이 쏠렸다. 이러다간 수행으로 깨달음을 얻기는커녕 큰 병을 얻어 급기야 타향에서 병원 신세를 질 것만 같았다. 이를 악물고 버티고 버티다가 결국 한국으로 돌아오는 비행기표를 끊었다.

이것이 그에게서 들은 이야기였다. 그의 병력을 자세히 듣고 나니 한마디로 그가 딱했다. 그는 아파서 수행을 중도에 포기하고 귀향했다. 만약 몸만 아프지 않았다면 훨씬 더 높은 수행력을 갖춰 깨달음을 향해서 더욱 용맹정진할 수 있었을 텐데 말이다.

나는 여태껏 부드러운 동정심을 발휘해 아픈 사람이 있으면 정작 나 자신은 세계 각지를 돌며 수백 수천만 원을 들여서 배워 온 기공 비결을 그들에게 공짜로 알려 줬다. 하지만 정말로 사람들은 거저 얻은 것을 거저 버렸다. 그들은 돈을 내고 배우지 않았기 때문에, 그 가치에 대한 인식이 전혀 없었다. '구우일모(九牛一毛)'라는 말처럼 흡사 아홉 마리 소 중에서 뽑은 한 올의 털만큼도 그 가치를 두지 않았다. 그러니까 요는, 어떤 것을 배우든지 돈을 내고 배워야 비로소 그만큼의 가치를 알며, 가치를 알면 그것을 더욱 오래 하게 된다.

내가 말했다.

"스님께 알려 드릴 수는 있습니다. 단 하나만, 저랑 약속하실 게 있습니다."

그가 물었다.

"약속이 뭔가요?"

'약속'이란 100일 동안 단 하루도 빠짐없이 알려 준 수인을 하라는 요구였다. 어떤 수인이든 100일을 하지 않으면 그 효과가 골수까지 미치지 못한다. 100일이 아니면 기혈이 그저 피부 겉만 훑고 도로 빠져나오는 우를 범하게 된다. 지금까지 수십 년 수인을 해 온 경험으로도 그

병든 몸을 건강한 몸으로 바꾸는
8가지 기공 비결

렇고, 또 다른 이들도 그와 똑같은 경험을 했다.

확실히 100일을 하겠다고 이 자리에서 약속한다면 알려 줄 수 있다고 나는 그에게 못 박았다.

지금 그의 곁에는 머리가 반짝이는 동료들도 있었다. 그들이 바로 이 현장의 증인들이었다. 아마 그 자리에 나와 그만 있었다면, 나는 그에게 그 어떤 수인도 전해 주지 않았을 것이다. 다른 사람들처럼 알려 줘도 안 할 게 불 보듯 뻔하기 때문이었다.

그는 일 초도 주저하지 않고 즉각 대답했다.

"저는 100일 동안 무조건 할 거예요. 이메일로 선생님께 보고할게요."

다른 동료들이 지켜보고 있는 가운데, 그는 입 밖으로 '100일'이란 시간을 수인에 투자하겠다고 당당히 선언했다.

나는 그에게 위장의 기운을 통하게 하고, 위장의 기운을 강하게 증폭시키는 수인을 알려 줬다. 내가 그에게 수인을 전수한 뒤, 그가 그것을 하든 안 하든 그건 모두 그에게 맡겨진 몫이었다. 허나 나는 늘 기공 비결을 사람들에게 전해 주며 내심 염원한다.

그들의 삶이 더 건강하고 더 원기 왕성해져서 더 기운 생동하는 나날을 누리길, 그리고 한발 더 나아가 자신이 건강하고 원기 왕성해진 경험을 타인에게도 알려 줘서 그들도 그와 같은 놀라운 삶을 누리게 하길 말이다.

그 30대 비구 스님은 내게 수인을 배우고서 마치 최고의 훌륭한 의사에게서 처방받은 값비싼 약을 손에 거머쥔 것처럼 가슴 뿌듯해하면서 얼마 뒤 미얀마로 다시 돌아갔다.

그가 미얀마로 돌아갔다는 소식은 포교원 주지 스님으로부터 전해 들었다. 전해 듣고서, 나는 속으로 생각했다.

'그가 진짜로 100일 동안 수인을 할까?'

병든 몸을 건강한 몸으로 바꾸는
8가지 기공 비결

23

기공 비결 3 아픈 위장을
어떻게 낫게 할 것인가

연습하고 기꺼이 변화를 받아들일 마음만 있으면 되는 것이다.
_《라이프 코치가 되는 법》중에서

결론부터 말하면, 그는 미얀마로 돌아가 진짜 100일 동안 수인을 단련했다. 그리고 진짜 이메일로 내게 보고했다. 자신이 이제 더는 소화제를 먹지 않으면서도 모든 음식을 돌도 씹어 삼키는 10대처럼 왕성하게 소화해 내고 있다고, 그 덕분에 수행이 잘된다고 했다. 기쁨에 찬 감사의 메일이었다. 이보다 더 놀라운 것은, 이로부터 그가 자원해서 기공을 전파하는 전도사가 됐다는 것이다. 그는 기꺼이 커넥터가 되어 여러 사람들을 내게 소개해 주었다.

병마가 깊으면 깊은 만큼 병마에서 벗어나고자 하는 의지도 더욱 강해지기 마련이다. 그의 낫고자 하는 의지는 보통 사람들보다 배나 강했다. 그렇지 않았다면 아마 수인을 20~30일쯤 하다가 중도에 그만뒀을 것이다. '이걸 하면 꼭 내 병이 나을 것이다.'라는 확신을 기초로 수인을 100일 동안 계속 밀어붙인 덕분에 그는 약을 끊었고 병을 끊었다.

요즘은 정말이지 의학 기술이 하루가 다르게 눈부시게 진보하고 있다. 물론 의약으로 다스릴 수 있는 병들도 점점 더 많아지고 있다. 그래서인지 사람들은 병이 나면 의약에 의존하려는 경향이 더욱 강하다. 간단히 약만 먹고 의사에게 치료받으면 낫는다는 생각이 만연하다.

과연 약에는 말 그대로 '약'이란 효과만 있고, '독'이란 효과는 없는 것일까? 그리고 의사는 모든 질병에 대한 해결책을 모두 손에 거머쥐고 있는 사람일까? 내 몸을 약과 의사에게 전적으로 의존해도 좋은 걸까?

우리는 우리 자신이 가진 선천적인 능력들을 간과하고 있다. 아니, 그런 능력이 있는지조차 전혀 관심을 두지 않는다. 약간의 관심만 기울이면 당신은 얼마든지 신체에 잠재된 무한한 힘을 꺼내 쓸 수 있다. 그리고 그런 관심에 더해 얼마간의 노력을 들이면, 그 무한한 힘으로 병든 몸을 건강한 몸으로 탈바꿈시킬 수 있다. 이른바 환골탈태가 가능하다.

미얀마로 돌아간 그 30대 비구 스님도 환골탈태했다. 그는 미얀마에서 약만으론 자신의 만성 소화 불량이 낫지 않는다는 걸 통렬하게 경험했다. 약을 먹으면 약 성분이 몸속 어딘가에서 계속 잠재해 있다가 또 다른 부작용을 낳는다는 걸 그는 알고 있었다. 또한 약에 인이 박이면, 약을 먹지 않으면 더는 몸이 스스로 나아지려 하지 않는다는 걸 깨우쳤다.

약은 내부에 있는 힘 내지 치유력을 봉쇄한다. 더군다나 그는 수행승이었기에 내부에서 일어나는 이런 미묘한 변화를 놓치지 않고 마치

현미경으로 세포를 관찰하듯이 들여다볼 수 있었다. 미얀마에서 밥 먹듯 수행하던 과목이 바로 '알아차림'과 '집중'이었다.

그는 약이 아닌 선천적인 신체 능력을 깨울 수 있는 방법을 모색했다. 그리고 마침내 '수인'이라는 한 가지 기공 비결을 얻었다. 그리고 100일 동안 그것을 하기로 약속하고 100일을 철저히 수행했다. 그 결과, 병마에서 벗어났을 뿐만 아니라 수행력은 한층 더 높아졌다. 몸속이 편해지니 마음속까지 덩달아 편해진 것이다. 알아차림과 집중은 더 잘됐다.

오랫동안 병마에 시달린 만큼 그가 병에서 낫고자 하는 결심과 의지는 더욱 확고했다. 평일과 주말을 막론하고 시간이 있든 없든 상관없이 매일 아침, 점심, 그리고 저녁때 틈만 나면 아픈 위를 낫게 하는 수인을 했다. 어떤 때는 30분씩, 어떤 때는 한 시간씩 했다.

그렇게 한 달쯤 흘렀을 무렵, 그는 자신의 위장이 좀 이상하다는 걸 느꼈다. 그전까지는 음식을 먹으면 꼭 위장 꼭대기에 큰 바위를 틀어막은 것처럼 꽉 막혀 있었는데, 이젠 그 바위를 어디론가 싹 치워 버린 것처럼 속이 가벼웠다. 이런 반응은 연일 계속됐다.

한편으로 소화제를 더는 먹지 않았다. 소화제 없이 음식을 먹는 것은 언제나 두려웠다. 자신이 소화제 없이 음식을 먹을 수 있으리라고는 미처 생각지도 못했다. 그러나 소화제를 먹지 않아도 전혀 불편함 없이 음식이 술술 넘어갔고, 위장에서 가볍게 소화되었다. 소화에 대한 두려움이 차츰 가셨다. 오랫동안 자신에게 불편함을 떠 안겨 주었던 병마에서 어느덧 자유로워지는 기분을 느꼈다. 이때부터 아픈 위장을 낮게 하는 수인에 대한 확신은 그야말로 바위에 새긴 글씨처럼 더더욱 공고해졌다.

두 달, 석 달을 꾸준히 '위 수인'을 했다. 그리고 마침내 100일을 달성해 위의 고통에서 온전히 벗어났다.

당신도 이 비구 스님처럼 자연스럽게 차츰 병마에서 벗어날 수 있다. 이 비구 스님만이 아니라 경험상으로 말하건대, 대다수의 위장병을 앓고 있는 사람이 이 '위를 낮게 하는 수인'으로 큰 도움을 받았다. 이 위 수인을 당신도 열심히, 그리고 꾸준히 하다 보면 분명 위장에 있는 고통을 덜어내고 위장이 아주 평화로워지는 날을 맞이하게 될 것이다.

사람은 모두 자신의 몸에 자신의 치료약을 갖고 있다. 다만 그 치료약을 내부에서 어떻게 조제하고 복용하는지를 알지 못한다. 알지 못하는 것은 그것을 아는 사람에게 배워 알면 된다. 진정 관심만 가지고 있다면 그건 당신의 눈에 '확' 띌 것이고, 당신의 귀에 '쏙' 들릴 것이며, 당신의 마음에 '훅' 들어올 것이다.

"그래서 위장의 고통을 덜고 위장이 훨씬 자유롭게 되는 건 어떻게 하는 건데?" 이제 이 질문이 당연히 뒤따라야 한다.

왼손을 가슴 앞에 세로로 세우고 오른손을 위장을 떠받치듯 가로로 눕힌다. 한글 모음 'ㅗ' 자의 형태인데, 위와 아래의 획이 서로 떨어진 'ㅗ'이다. 두 손의 간격은 주먹 하나 정도로 띄운다.

병든 몸을 건강한 몸으로 바꾸는
8가지 기공 비결

이 손 모양을 취하고 당신은 아무것도 하지 않아야 한다. '위장이 이걸 하면 낫는댔지?', '얼른 위장이 나아야지.', '어, 왜 빨리 반응이 안 오는 거야?' 이런 조급한 생각은 절대 금물이다.

위장에 뿌리박힌 병의 기운 및 독소를 빼내기 위해서는 반드시 위장 깊숙이 손의 기장이 영향을 미치도록 부단한 시간과 노력과 공을 들여야 한다. 조급한 마음은 도리어 기장을 흩트려 놓는다. 또한 마음이 조급하면 신경이 조급해지고, 신경이 조급해지면 위장의 세포들도 조급해진다. 세포들이 콩 볶듯 들끓는다. 말하자면, 이건 병 치료와는 전연 반대 방향으로 뛰어가는 것이다. 당신이 진정 낫기를 바란다면 마음을 조급하게 갖지 말고 느긋하게 가져야 한다는 점을 반드시 명심하기 바란다. 가장 좋은 치료는 마음을 내려놓는 것이다.

손의 기장이 저절로 알아서 세포들의 운동을, 에너지를 더 크게 더 강하게 더 빠르게 만들어갈 것이며, 그에 따라 병든 세포는 점차 건강한 세포로 거듭날 것이다.

왼손을 가슴 앞에, 오른손을 위장을 떠받치듯 만든다. 이것이 아픈 위장을 건강한 위장으로 환골탈태하게 하는 가장 좋은 기공 비결이다.

24

기혈이 통하지 않으면 아프고, 아픈 것이 바로 병이다

지금까지 세상에는 수많은 건강 비결들이 우후죽순처럼 쏟아져 나왔다. 개중엔 군계일학처럼 매우 뛰어난 건강 비결들도 '간혹' 보이곤 한다. 아주, 간혹 보인다.

어떤 음식을 먹으면, 어떤 운동을 하면, 어떤 심리 치료를 받으면 병이 낫고 건강해진다는 식의 책들은-결코 폄하하는 것은 아니다-흔히 본질적인 면에서 중요한 걸 놓치고 있다. 그건 기혈이 통하지 않으면 아프고, 기혈이 통하면 아프지 않다는 것이다.

대부분의 사람은 음식이나 운동이나 심리 요법으로 병을 고치고자 한다. 하지만 그것은 마치 꽁꽁 언 발에 오줌 누기 식으로 잠시 잠깐의 효과는 있을지언정 근본적인 치유는 일어나지 않는다. 얼마 못 가 몸이 도로 이전처럼 아프고 만다. 음식 요법과 운동 요법과 심리 요법을 전문 직업으로 삼고 있는 사람들이 지금 내가 하는 말을 들으면 대번

발끈할지도 모르겠다.

앞서 밝혔듯이 미얀마에서 집중 수행을 하겠다고 굳은 결심을 가지고 한국을 떠났던 스님은 미얀마에서 일 년 남짓 수행하고는 아파서 결국 한국에 돌아올 수밖에 없었다. 그는 한국에 있을 때에도 다년간 음식에 각별히 주의를 기울여 가면서 몸에 좋은 것들을 골라 먹었고, 미얀마에서도 대중들이 정성스럽게 준비해 준 식사를 하면서 몸을 보양해 나갔다.

하지만 미얀마의 음식은 대체로 한국보다 기름지고 느끼한 것이 많았다. 당연히 음식은 입에 잘 맞지 않았다. 날이 갈수록 이전부터 음식으로 섭생해 왔던 위장이 탈을 일으키기 시작했다. 만약 음식이 근본적인 치유책이었다면, 그는 한국에서 음식으로 위장이 좀 나았어야 했다.

그는 운동도 게을리하지 않았다. 하루에 한두 시간 정도는 반드시 스트레칭을 가볍게 하거나 요가를 하거나 산책을 했다. 그렇게 몸을 움직이고 나면 약간의 허기가 느껴졌고, 음식을 좀 더 섭취할 수 있었다. 하지만 그것도 잠시 잠깐뿐이었다. 속은 여전히 불편하고 거북했다. 음식을 조금만 먹어도 위장에 얹혔다.

심리 요법은 두말할 것도 없이 그가 제일 능숙하게 잘하는 과목이었다. 그의 직업은 매일 자신의 마음을 들여다보면서 마음의 평정과 본성을 깨우치는 일이 아니던가. 그렇다면 심리 요법의 전문가인 그는 심리 요법을 통해 얼마든지 육체의 병을 다스릴 수 있어야 했다. 도대

병든 몸을 건강한 몸으로 바꾸는
8가지 기공 비결

체 마음의 어떤 원인이 육체로 영향을 끼쳐서 육체가 자꾸만 약해지고 병드는 것인지를 스스로 찾아냈어야만 했다. 그러나 그는 온갖 방법을 동원해도 스스로 갖고 있는 위장의 문제를 해결할 수 없었다. 그 이유는 몸은 몸에 원인이 있기 때문이다.

병을 근본적으로 고치기 위해서는 무엇보다 병에 대한 본질을 깨우쳐야 한다. 우리의 신체 속에는 혈관 외에 '경락'이라는 시스템이 내장돼 있다. 이 경락은 도로처럼 사통팔달하면서 신체의 모든 부위로 기혈을 실어 나른다.

만일 기운과 혈액이 어떤 원인으로 인해 경락의 어딘가에서 막혀 흐르지 않으면, 우리 몸 각각의 부위에 있는 세포들은 더는 기혈을 공급받지 못한다. 이로 인해 세포들은 점차 약해지고 급기야 사멸하고 만다. 이는 비유하면 도로가 꽉 막히면 차가 도로 위에서 옴짝달싹 못 하는 것과 다를 바 없다. 따라서 물자를 실은 차가 물자를 필요로 하는 곳에 갈 수가 없다.

세포는 기혈을 먹고 산다. 기혈이 세포의 음식이다. 따라서 어떤 원인에 의해서 발생한 경락의 막힘은 결국 세포에 이르는 기혈 공급을 차단해 세포가 약해지고 병들게 하는 것이다. 그렇다면 해결책은 빤하다.

막힌 경락을 뚫어 주면 된다. 경락의 어디가 막혀 있는지를 정확히 찾아내, 그걸 뚫어 주면 되는 것이다. 그 뾰족한 방도로 기공 비결인 '수인'과 '마보참장', 그리고 '정좌'가 있다.

지금 당신이 음식으로도, 운동으로도, 또는 심리 요법으로도 병세가 전혀 호전되지 않고 건강해질 기미조차 보이지 않는다면, 당신이 또 다른 대안으로 모색해야 할 것은 바로 '기공 비결'이다.

기공 비결은 짧게는 수백 년, 길게는 수천 년을 거쳐 고대로부터 현대로 전승되어 온 치료의 비전이다. 그것의 신속한 치료 효과는 현대의 어떤 요법들보다도 불가사의하리만치 놀랍고 빠르다. 그건 경락 속의 막힌 것을 스스로 찾아내, 그것을 매우 빠른 속도로 뚫어 주는 특수한 방법이기 때문이다. 이것은 이미 수천 수만 명의 사람들을 통해 입증됐으며, 지금 이 순간에도 수많은 사람들이 몸소 경험하고 있는 사실이다.

25

12글자의 치료 핵심
구결을 상시 떠올려라

건강은 자연적인 것이며 털끝만치도 힘들일 필요가 없다. _ Dr. Deepak Dudhmande

병이 낫고 몸이 건강해지고 원기 왕성해지려면 두 눈 딱 감고 100일을 오롯이 기공 비결을 단련해야 한다. 그리고 단련하면서 치료에 있어서 가장 중요한 12글자의 이 핵심 구결을 상시 떠올려야 한다.

'유의연공(有意煉功), 무의성공(無意成功), 순호자연(順乎自然).'

해석하면 '뜻을 가지고 기공을 단련하고, 뜻을 버리고서 기공의 성과를 이루며, 모든 걸 그저 자연에 내맡긴다.'라는 뜻이다.

처음에는 100일간 뜻을 가지고, 이른바 낫겠다, 건강해지겠다, 정신적으로 더 깊어지겠다는 등의 의식적인 노력을 한데 기울여 가며 기공비결을 단련한다. 그러다가 100일 중 돌연, 당신은 처음에 품었던 뜻은 어느새 까맣게 잊어버리고 기공에 푹 빠져들어서 매일매일 비결을 단련하는 자신을 발견한다. 그렇다. 바로 이때가 의식적인 부단한 노력에서 무의식적인 자연스러운 노력으로 갈아타는 순간이다.

본질적으로 봤을 때, 우리를 낫게 하는 건 바로 '무의식'이다. 그 단적인 예로 당신은 자고 일어나면 아침에 원기를 거뜬히 회복한다. 그러니까 밤새 당신이 의식적인 노력을 기울이지 않아도 우리의 무의식은 우리의 몸을 어떻게 회복하고 수리해서 멀쩡한 상태로 되돌려 놓을지를 모두 알고 있다. 그러므로 병을 치료하려는 사람은 반드시 이 무의식에 깃든 회복력과 치료의 힘을 철석같이 믿어야 한다.

　간혹 어떤 병자는 기공을 단련하면서 100일이 아니라 10일도 채 못 돼 자신의 병이 왜 빨리 안 났느냐고 조바심을 내며 투덜대곤 한다. 그러고는 의식적인 노력을 지나치게 더하거나 또는 쓸데없는 망상을 마구 일으켜서 본래 그의 무의식에서 일어나고 있던 회복과 치료의 반응들마저 유야무야 사라지게 만든다. 오히려 그것이 일어나지 못하도록 단단히 가로막는다. 이렇게 의식이 잔뜩 긴장하고 있는데 무의식이 이완되어 풀려날 리는 만무하다. 왜냐면 의식이 작동하는 한 무의식은 그 작동을 멈추기 때문이다. 이를테면 이런 거다. 의식이 우쭐대면 무의식은 의식을 향해 말한다. "이봐, 자네가 그렇게 나대면 난 저쪽 어두운 구석에 없는 듯이 찌그러져 있을게. 안녕, 나의 잘난 친구."

　무엇보다 뜻을 가지고 기공을 단련하되, 어느 때가 되면 그 뜻을 버리고 기공을 단련해야 한다는 걸 결코 잊지 말아야 한다. 그래야 자연스럽게 무의식 속에 있던 회복력과 치료의 힘이 풀려나 그것이 당신의 병을 흡사 바람이 먼지나 재를 공중에 날리듯 저 우주 멀리로 가볍게 홀홀 날려 버릴 것이다. (여담이지만, 어떤 병은 정말 우주에서 지구로 먼지나 재처럼 날아오기도 한다. 그 반대도 역시 성립된다.)

처음에는 노력하고, 나중에는 노력을 버리고서 몸과 마음과 의식을 송두리째 자연에 내맡긴다.

여태껏 당신이 병을 치료하기 위해 온갖 수를 써도 병이 낫지 않았던 이유는 다름 아닌 그것이 모두 의식 수준에서 이루어진 노력이었기 때문이다. 당신은 단 한 번도 무의식에 자아를 모두 던져 놓고, 거기에 온전히 내맡기고 치료를 부탁해 본 적이 없다. 어떤 병 치료 기술이나 방법이 며칠, 아니 몇 달이 되어도 좀처럼 먹혀들지 않으면 당신은 이내 머리를 굴려 더 나은 방법을 찾으려고 애써 왔다. 솔직히 말해 먹혀들지 않는 기술과 방법을 굳이 오랫동안 붙들고 늘어질 필요는 없다. 하지만 거기에서 정말 중요한 한 가지를 당신은 항상 놓치고 있었다.

치료 기술과 방법이 매우 탁월함에도 그 효능이 제대로 발휘되지 못한 까닭은 의식적인 노력을 하다가 그 의식적인 노력을 버리고 무의식이 하도록 자신을 내맡기는 순간이 없었다는 것이다. 당신은 전혀 이를 눈치채거나 미처 알아차리지 못했다. (누군가라도 이를 당신에게 살짝 귀띔해 주었더라면 좋았으련만.)

낫기 위해 노력하는 만큼 무의식이 낫게 하도록 자신을 내맡기는 것도 병 치료에 있어서 반드시 긴요하다.

이를 생각해 보라. '그간 내 병을 낫게 하려고 별의별 방법을 다 썼는데도, 왜 도통 낫지 않는 걸까?', '무엇이 내 병의 근본적인 치료를 가로막고 있는 걸까?' 이 두 가지 질문을 생각하고 스스로 답을 찾아본다면, 분명 당신은 그 답의 실마리를 찾아낼 수 있을 것이다.

병 치료의 핵심 구결 12글자를 상시 마음속에 떠올려라. 뜻을 가지고 기공을 단련하고, 뜻을 버리고 기공을 단련하면서 모든 걸 자연에 내맡긴다.

당신이 간절히 바라고 있는, 병으로부터의 온전한 자유는 무의식 속에 있는 자연이 가져다준다. 당신이 해야 할 단 한 가지는 오직 100일 동안 부단히 기공을 단련하며 의식적인 노력을 무의식적인 노력으로, 한발 더 나아가 무의식 속의 자연이 하게끔 내버려 두는 것이다.

병든 몸을 건강한 몸으로 바꾸는
8가지 기공 비결

26
기공 비결 4 쿵푸팬더 포에게 배운다, 기력을 배로 증강하는 비결

보보등고(步步登高), 한 발짝 한 발짝 높은 데로 올라가야 한다. _ 사자성어

고대 인도의 수행자나 은둔자는 매우 척박한 환경에서도 자신의 수행을 꿋꿋이 지속해 왔다. 히말라야에서, 그리고 야수들이 들끓는 숲속에서 배고픔과 추위와 더위와 공포를 이겨내고 자신의 영적 여행을 완수해 왔다. 자기로부터의 혁명과 해방과 자유를 찾기 위해서였다.

한데 그들은 어떻게 그토록 척박한 산과 숲에서 살아남을 수 있었을까. 그건 고대의 스승에게서 제자에게로 비밀리에 이어져 내려온 비결을 전수받아, 그것을 힘써 단련했기 때문이다. 그로 그들은 생리적인 한계를 극복하고 정신적인 한계까지 뛰어넘었다. 그 비결이란, 바로 '수인(手印, Mudra)'을 일컫는다.

수십 년간 수인만을 전문적으로 연구해 온 디팍 두만데 박사는 그의 저서 《수인요법》에서 말했다.

"수인은 신체를 보호하고, 동시에 개인의 영적인 여행을 촉진하는

효능이 있다."

이루 헤아릴 수 없이 많은 고대의 수인 중에는 '기력을 배로 늘리는 비결'이 있다. 그 비결은 지금부터 '쿵푸팬더 포(Po)'가 당신에게 알려 줄 것이다.

평소 나는 영화나 애니메이션을 즐겨 본다. 기공을 연구하느라 지친 뇌를 쉬게 하는 데 그만한 것이 없다. 한 편의 영화나 애니메이션을 보고 나면 뜨겁게 달아올랐던 뇌가 어느새 바닷가를 산책하고 막 돌아온 것처럼 파랗게 식어 있다.

어느 날인가, 〈쿵푸팬더〉를 보다가 나는 깜짝 놀라고 말았다. '지금 포(쿵푸팬더의 주인공 이름)가 대체 뭘 하고 있는 거지?', '도대체 저걸 어떻게 알아낸 거야?' 게슴츠레한 졸린 눈으로 쿵푸팬더를 보고 있다가, 나는 놀라서 갑자기 눈을 휘둥그레 떴다. 그리고는 빛의 속도로 영화 장면을 정지시켰다. 화면을 더 자세히 들여다보려고 모니터에 아예 코를 처박았다.

같은 장면을 보기 위해 계속 뒤로 감았다. 되감기 한 장면을 반복해서 봤다. 수십 번 되풀이해서 봐도 그건 분명 고대의 인도에서 내려온 기력을 배로 늘리는 비결, 즉 '기력 증강의 수인'이었다.

'오, 이럴 수가!'

혹 당신은 〈쿵푸팬더〉를 본 적이 있는가? 거기 쿵푸팬더 포가 하고 있는 손 모양을 한 번쯤이라도 눈여겨본 적이 있는가? 단언컨대 그건 그냥, 아무렇게나, 대충 삽입한 장면이 아니다. 어찌 보든 간에 그건 철저한 조사와 연구와 탐방을 거쳐서 만든 것이다. 아마 애니메이션 제작사인 드림웍스 쪽에서 기공이나 수인에 대해 해박한 이를 백방으로 물색해서 그에게서 한 수 전수받은 게 틀림없다.

기력을 배로 증강하는 수인이 쿵푸팬더에 떡하니 들어가 있는 걸 거듭 확인한 나는 정말이지 놀라워서 입을 다물 수가 없었다.

'오, 이럴 수가! 애니메이션에 이토록 엄청난 비결을 슬쩍 끼워 넣다니?'

그렇다면 이 '엄청난 비결'이란 무엇일까?

왼손과 오른손을 위아래로 서로 포개어 '누운 S 자'를 만드는 것이다. (이해하기 쉽게 말하면, S 자의 머리 위에 검지를 올리고서 손가락에 지긋이 힘을 줘 글자를 오른쪽이나 왼쪽으로 바닥에 가로로 눕힌다. 신기하게도 S 자는 어느 방향으로 눕혀도 같은 모양이 된다.)

왼손의 엄지를 제외한 나머지 네 손가락을 갈고리 모양으로 구부린다. 손바닥은 위를 향한다. 그리고 왼손과 마찬가지로 엄지를 뺀 오른손의 네 손가락을 구부려 갈고리 모양으로 만든 다음, 이미 구부려 놓은 왼손의 네 손가락과 서로 맞댄다. 이때 오른손 손바닥은 아래를 향한다. 그러니까 왼손과 오른손의 네 손가락 끝의 지문 부분이 모두 맞닿아 있는 모양이다. 이렇게 만든 누운 S 자의 손을 가슴(여성) 또는 배(남성) 앞에 둔다.

애니메이션 〈쿵푸팬더〉의 줄거리를 요약하면 이렇다.

카이(Kai)는 500년 동안 지하 세계에 갇혀 있던 불세출의 무술 고수이다. 그는 타인의 기를 자기의 것으로 훔쳐서 자기 내공을 늘린 벌로 지하 세계에 갇혔다. 하지만 지하 세계에서 500년간 각고의 수행을 거듭한 결과, 마침내 지하 세계에 자신을 가둔 우궤이(Wugui) 사부를 누르고 지상 세계로 탈출하는 데 성공한다. 지상 세계로 나오자마자 카이는 지상에 남아 있던 무림 고수들을 죄다 찾아내 그들의 기를 자신의 기로 또다시 흡수한다. (속담대로 제 버릇 개 못 준다.) 이제 마지막으로 남은 건 쿵푸팬더 포(Po)뿐이다.

허나 포는 자신의 내공이 카이를 상대할 만큼 세지 않다는 걸 너무나도 잘 알고 있다. 그와 붙어 봤자 다른 고수들처럼 기나 쪽쪽 빨릴 게 뻔했다. 포는 일찌감치 도망가는 게 상책이라고 생각하고는 남몰래 짐 보따리를 쌌다. 보따리를 싸다가, 포는 우연히 도서관에서 고대의 비밀문서 두루마리를 하나 발견한다. 두루마리에는 카이를 이길 유일한 비결이 적혀 있었다. 두루마리에 적힌 글에 따르면, 그 비결은 바로 팬더 마을에 사는 팬더들이 알고 있다는 것이었다. 그리고 그 비결을 어떻게 알게 되었는지도 아주 상세히 적혀 있었다.

쿵푸팬더에서 단연 최고의 마스터인 우궤이 사부는 한때 전쟁에 참여해 장군으로 혁혁한 공을 세운다. 이때 카이도 장군으로 함께 전쟁에 참여해서 무수히 많은 적을 물리친다. 결국 그 둘은 전쟁터에서 만나서 호형호제하는 매우 각별한 사이가 되었다.

하지만 얼마 뒤 우궤이는 적과 싸우다가 그만 부상을 당한다. 온몸의 근맥이 끊어져서 급기야 생명이 위태로워진다. 카이는 우궤이를 등에 들쳐 업고서 산과 계곡을 넘고 눈과 비바람을 견뎌 가며 우궤이를 치료할 방법을 백방으로 찾아다닌다. 그러던 중 마침내 깊은 산중의 한 마을(팬더 마을)에 이른다.

놀랍게도 그 마을에 있는 팬더들은 고대로부터 비밀리에 전수된 비결로 기를 능숙하게 다뤄 병자를 치료하고 회복시킬 수 있었다. 그뿐만이 아니었다. 마을에서 치료받은 병자들은 팬더에게서 치료를 받고 완치된 뒤, 이 비결을 그들에게 직접 배워서 기운이 종전보다 몇 배나 왕성해졌다. 그러니까 이 마을에서 전해 내려오는 비결은 다름 아닌 무림 고수들이 자나 깨나 꿈꾸던 내공을 증강하는 비결이었다.

우궤이는 마을에서 치료받고서 몸이 완전히 회복되었다. 카이도 마을의 팬더에게서 기를 증강하는 비결을 익혔다. 하지만 카이는 속으로 딴마음을 품었다. 모두의 기를 뺏어 자신의 기로 만든다면 자신이 무림에서 제일가는 고수가 되리라는 야심이었다.

결국 그는 마을에 사는 팬더들의 기를 모두 뺏어 버렸다. 마을은 삽시간에 쑥대밭이 되었다. 우궤이는 이를 가만히 두고 볼 수가 없었다. 어찌 팬더들이 베풀어 준 은혜를 원수로 갚는단 말인가. 그는 카이와 사생결단을 내, 결국 카이를 꺾어서 지하 세계로 보냈다. 불행 중 다행인 것은 카이보다 우궤이가 좀 더 고강했다. 그 결과, 카이는 지하 세계에 갇혔다.

포는 이 팬더 마을을 찾아가 비결을 얻는다. 그러고는 지상 세계로 탈출한 카이와 싸워 마침내 이긴다. (포가 승리하는 장면은 꽤나 인상

적이다.) 포는 그가 도저히 감당할 수 없을 만큼의 기를 잔뜩 주입해서 그를 풍선처럼 빵하고 터뜨려 버린다. 이 장면에서 카이는 흡사 터진 풍선 조각처럼 갈가리 찢겨 사방으로 흩어진다. 여기서 얻을 수 있는 굉장히 중요한 교훈이 있다. 외부의 기를 무조건 많이 먹는다고 해서-더군다나 남의 기를 마구 뺏는다고 해서-그걸 다 자기의 것으로 소화할 수 있는 게 아니라는 점이다. 한마디로 뭐든지 적절한 것이 중요하다.

여기까지가 〈쿵푸팬더〉의 대략적인 줄거리이다.

우궤이와 카이, 그리고 포가 배운 이 팬더 마을의 고대 비결은 바로 손을 누운 S 자로 만들어 자기 신체에 있는 에너지, 즉 기를 크게 증강하는 수인이다.

이제껏 기력을 늘려 보겠다고 몸에 좋은 음식을 이것저것 먹고, 값비싼 한약을 사시사철마다 챙겨 먹었어도 당신의 기력이 좀처럼 늘지 않았다면, 지금부터라도 누운 S자 수인을 적극적으로 해 보길 권한다. 이건 정말이지 차원이 다르다. 단기간 내에 기력의 양과 질을 대폭으로 끌어올릴 수 있다.

세상엔 참으로 수많은 고수가 있다. 심지어 요즘엔 애니메이션에도 고수가 나온다. 애니메이션 속에 나온 수인은 현실 세계의 고수가 대중들에게 호의를 베풀기 위해 꺼낸 그의 비장의 한 수라고 볼 수 있다.

이 기력을 배로 증강하는 수인을 지속적으로 해 나간다면 당신은 그 어느 때보다 왕성한 기력이 몸 안팎으로 마구 차오르는 걸 느낄 수 있

병든 몸을 건강한 몸으로 바꾸는
8가지 기공 비결

을 것이다. 그때면 비로소 당신은 깨닫게 된다. 기력을 증강하는 것은 결코 음식이나 약에 있지 않다는 걸 말이다. 기력은 얼마든지 자급자족하면서 계속 보충하고 강하게 길러 갈 수 있다.

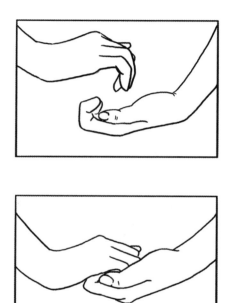

27

손가락을 오므리면
기가 흩어지지 않고 계속 모여든다

양손의 손가락을 느슨하게 구부리자 묘하게도 전혀 힘들이지 않고 돈 후앙의 엄청난 속보를
따라잡을 수 있었다. 이따금 손이 나를 앞으로 잡아당기는 듯한 느낌을 받았을 정도였다.
_ 카를로스 카스타네다 《익스틀란으로 가는 길》 중에서

　엄지와 검지를 오므려서 오리 입처럼 만든다. 나머지 손가락은 자연
스럽게 구부린다. 이 손 모양, 즉 수인은 손에서부터 밖으로 흩어지는
기를 손 안으로 도로 거두어들이고, 또 밖에서 끊임없이 유영하고 있
는 우주의 빛 입자 내지 힘을 손으로 끌어당겨서 몸속으로 흐르게 한
다. 즉, 몸속에 원기가 계속 더해지고 증강하게 한다.

　이 수인은 눈병을 치료할 때나 시력을 개선할 때에 쓰이고, 귀 질환
(중이염, 이명)을 고칠 때도 쓰이며, 배 속(丹田)에 기력을 보충할 때도
쓰인다. 이 수인의 용도는 그야말로 무궁무진하다. 마치 병자들에게
있어서 어두컴컴한 암흑 속에서 쏟아지는 찬란한 한 줄기의 빛과도 같
은 것이다.

　보통 나는 이 수인을 산책할 때 쓰곤 한다. 공원이나 숲을 산책할 때,
또는 등산할 때도 종종 수인을 쓴다.

이 세상에는 어딜 가나 기운이 가득 흐르고 있다. 다만 양질의 기운이 좀 더 흐르는 곳이 있다면, 그건 바로 '공원'과 '숲'과 '산'이다. 그래서 우리는 자연을 찾을 때, 자신도 알지 못하는 사이에 원기가 회복되곤 한다.

손은 우주의 빛 입자를 끌어모으는 불가사의한 도구이다. 엄지와 검지를 오므려서 오리 입을 만들면 이 오리 입안에 기장이 흡사 보이지 않는 그물처럼 형성돼 몸속의 기는 바깥으로 더는 새어 나가지 않고, 바깥의 신선한 기운은 그 그물에 계속해서 걸려든다. 다시 말해 손 모양을 바꿔서 손의 기장을 다르게 형성하면 기장이 그물을 치듯 안팎의 기운을 낚아 올리는 것이다. 한마디로, 손은 '기를 낚는 그물'이다.

물, 돌, 나무, 공기, 꽃, 사람 할 것 없이 모든 만물은 서로 기를 쏘아 대고 있다. 그 쏘고 있는 가운데 빛 입자들이 꽃가루처럼 무수히 공중으로 풀려나고 공중을 떠다닌다. 이건 육안으로는 결코 확인할 수 없다. 그렇지만 '제3의 눈', 즉 '심안(心眼)'이 아직 덜 감기거나 불현듯 떠진 자에게는 엄연히 확인되는 사실이다. 이렇게 떠다니는 이루 헤아릴 수 없이 많은 빛 입자는 힘을 지니고 있다. 그 힘이 이른바 동양에서 일컫는 '기(氣)'이다.

어떤 이는 그 기를 손에 넣고, 어떤 이는 그 기를 손에 쥔 모래처럼 손가락 사이로 놓친다. 놓치고 있을 뿐만 아니라, 자신의 기를 자기도 모르는 새에 손에서 밖으로 계속 흘리고 있다. (이를 생각하면 기름을 길거리에 줄줄 흘리고 다니는 자동차가 대번에 떠오른다.) 그 결과, 몸속엔 자꾸만 기력이 부족해지고, 피로가 자꾸 쌓여 간다.

물론 이건 당신의 실수나 잘못이 아니다. 그건 당신이 줄줄 흘리고 있는 그 기를 어떻게 당신의 손에 넣어 점점 늘려갈지를 누군가에게서 듣거나 배운 적이 없기 때문이다.

실제로 이 수인을 하고 공원이나 숲이나 산을 걸어 보라. 그럼 기분이 한결 좋아지고, 몸도 한결 가볍게 느껴진다. 또한 걸으면 걸을수록 몸속에 기력이 마구 차오르는 걸 느낄 수 있다. 더불어 자꾸만 걷고 싶어진다.

단순히 손 모양을 하나 바꾼 것뿐인데도 이런 효과를 기대할 수 있다는 건 정말이지 놀라운 인체의 비밀이 아닐 수 없다. 앞서 이야기했듯 손에는 불가사의한 힘이 숨어 있다. 그걸 이용하느냐, 안 하느냐는, 곧 우리의 신체의 기력 상태를 한층 끌어올릴 수 있느냐, 없느냐를 결정한다.

이 수인을 할 때 딱 한 가지 주의할 것이 있다. 걸을 때 당신의 양손에 아무것도 들고 있지 않아야 한다는 점이다. 손에 물건이 들려 있으면 물건에 의해 손 모양이 아무래도 망가지기 때문이다. 손 모양을 정확히 지어야만 비로소 효과가 제대로 나타난다.

28

빨리 낫는 사람
VS 지지부진 낫지 않는 사람

병은 모두 마음에서 일어난다. 그것에 대응하는 마음의 모양만 없으면 육체에는 아무런 일도 일
어나지 않는다. _ 프란츠 안톤 메스머

기공 비결은 병든 사람들이 건강을 되찾는 데 확실히 도움이 된다.
하지만 무엇보다 먼저 병자들에게 꼭 일러두고 싶은 말이 있다. 결코
당신의 병에 대해 타인에게 입도 뻥긋하지 말라는 것이다. 가장 이상
적인 병의 치료는 우선 병에 대한 사로잡힘에서 벗어나는 것이기 때문
이다.

자신의 병을 입 밖으로 꺼내 '나는 이러저러한 병에 걸려 있다.', '병
이 서둘러 나았으면 좋겠다.'라고 남들을 향해 말하지 않는 편이 스스
로의 병을 더 빠르게 호전시키는 방법이다.

그간 나는 숱한 병자들을 만나 왔다. 그들 중에는 병이 정말이지 눈
깜짝할 새에 호전되는 이가 있는가 하면, 반면에 온갖 방법을 동원해
도 결코 병이 나아질 기미조차 보이지 않는 이가 있었다. 도무지 그에
겐 내가 깊숙이 꼬불쳐 둔 비장의 한 수도 전혀 먹혀들지 않았다. 나는

그를 생각하면서 왜 그가 낫지 않는가를 곰곰 생각했다. 방법이 문제인가. 그렇진 않았다. 뒤에 깨달았지만, 그의 '말'이 문제였다.

우울증, 비만, 호흡 곤란, 안면 경련, 불면증, 만성 소화불량 등을 앓고 있는 사람들 중에는 말을 통해 스스로 몸의 병을 더욱 강화하는 경우가 많았다. 역설적이게도 그들은 병을 낫고자 하면서도 병에 대해 계속 말하고 병을 떠올림으로써 자신의 머릿속에 건강해지는 이미지보다 부정적 이미지를 계속 각인시키고 있었다.

반면 눈 깜짝할 새에 나아지는 사람들은 자신의 병을 입에 올리지 않고, 대신 이렇게 말하곤 했다. "몇 개월 뒤엔 굉장히 좋아질 것 같아요.", "현재 좋아지고 있는 기분이 들어요."라고 말이다. 그들은 말로 스스로에게 긍정적인 느낌과 이미지를 각인했다.

나는 이 대조를 통해 마침내 한 가지 결론에 이르렀다. 말은 느낌과 이미지를 내부에서 계속 창조해 낸다. 그 내부의 느낌과 이미지가 바로 자기 자신을 병들게도 하고 낫게도 한다.

지금도 나는 매달 여러 명의 병자들을 상담하고 있다. 상담 중 그들이 자주 내뱉는 말을 가만히 들어 보면, 그가 얼마나 짧은 시간 혹은 오랜 시간에 걸쳐 병 치료가 진행될지 가늠된다.

나는 누구보다 최대한 빠르게 병자들이 치료되어 일상으로 돌아가길 굴뚝같은 마음으로 바라고 있다. 하지만 스스로 자꾸 병을 입에 올리고 병을 스스로 강화하는 사람에겐 도무지 뾰족한 대책이 없다.

병의 치료는 우선 스스로가 어떤 말을 통해 자기 내부에 어떤 느낌과 이미지를 만들어가고 있는가를 자각하는 것이 긴요하다. 말은 병을 치료하는 힘이 있다. 말은 병을 키우는 힘이 있다. 이 둘 중에서 말의 어떤 힘을 선택할 것인가는 오직 당신의 그 입에 달려 있다.

병든 몸을 건강한 몸으로 바꾸는
8가지 기공 비결

29

기공 비결 5 환양와(環陽臥),
따뜻한 기운이 몸속을 무한대로 돈다

신은 왜 모든 것을 경험한 후에야 깨닫게 만드는 걸까? _ 박상아

평소 손발이 차가운가, 얼굴이 늘 푸석푸석하고 건조한가, 걸을 때 다리가 납덩이를 매단 것처럼 무거운가, 몸이 자꾸만 축축 처지는가, 마음은 아무 일 없이 괜스레 울적한가.

30대 중반의 커리어우먼인 석 씨(중국 여성)는 현재 수족 냉증, 피부 건조증, 사지 무력증, 우울증을 한 몸에 앓고 있다. 그녀가 말하길, 20대 초반부터 이런 병들이 모두 자신의 몸에 찰거머리처럼 덕지덕지 달라붙었다고 한다. 그래도 그녀는 사회적으로는 꽤나 성공한 편이다. 남들이 보기에도 버젓한 직장에서 고액의 연봉을 받고 있고 직급도 꽤 높다. 하지만 일에 대한 스트레스가 컸는지, 그에 따라 그녀의 병은 점점 심해져 갔다.

처음엔 별로 대수롭지 않게 여겼다. '그리 심각한 건 아니야!', '며칠 아프고 며칠은 안 아프잖아.'라고 스스로를 위안했다. 그러나 얼마 뒤

음식을 전혀 먹을 수가 없었다. 먹기만 하면 위장에 음식이 돌덩이처럼 걸려서 도무지 아래로 내려갈 줄 몰랐다. 이런 증세는 하루 이틀이 아니라 어떤 때는 삼사일, 심할 때는 일주일까지 갔다.

체중은 급격히 줄어들었다. 주변 사람들이 바짝 여위어 가는 그녀를 보고는 놀라서 물었다. "괜찮아요? 어디 아픈 거 아니에요?"

괜찮지 않았다. 그녀는 하는 수 없이 실력 있다고 소문난 병원을 이곳저곳 찾아다녔다. 한방과 양방 치료를 모두 가리지 않았다. 소화에 좋다고 하는 음식을 먹고, 한약을 달여 복용했으며, 침과 뜸 치료도 받았다. 양약도 처방받아서 꼬박꼬박 먹었다. 하지만 백약이 말짱 무효였다. 그러는 동안 치료비로 수천만 원을 썼다. 석 씨는 여전히 음식을 소화하지 못했고, 체중은 늘지 않고 계속 줄어만 갔다. 이젠 일을 해서 먹고사는 게 문제가 아니라 진짜 '사는' 게 문제였다. 그녀는 생각했다. '내가 나을 수 있을까?'

그녀의 친구 중에 내경일지선을 닦은 중의치료사 쪼우동량(周棟梁)에게서 도인포기(導引布氣, 기공사가 자신의 내기를 외부로 이끌어 내 병자에게 펼치는 치료 기술) 치료를 받고 나은 사람이 있었다. 어느 날, 그 친구가 자신도 이 병원 저 병원을 전전하며 수천만 원을 들였지만, 결코 낫지 않던 병이 쪼우동량에게서 몇 차례 치료를 받고 나서 말끔히 나았다고 했다. 그러면서 쪼우동량에게 한번 치료를 받아 보는 게 어떻겠느냐고 권했다.

그녀는 반신반의했다. '어차피 결과는 뻔하지 않을까. 여태껏 실력 있다고 하는 데를 죄다 다녀 봤지만, 병이 낫지 않았잖아.' 하지만 물에 빠진 사람은 살기 위해선 안간힘을 다해 지푸라기라도 잡기 마련이다. 치료를 받으러 가 보기로 했다.

"위장에 한기(차가운 기운)가 가득 차서 맺혀 있어요. 그게 음식을 소화하지 못하게 방해하는 겁니다. 한기를 배출하면 소화가 되기 시작할 거예요."

첫 번째 도인포기 치료에서 중의치료사 쪼우동량은 그녀를 진단하고서 이렇게 말했다. 그녀는 이미 여러 병원을 들락날락거리면서 수차례 이상 이런 똑같은 말을 듣고는 했다. 별로 믿음이 가지 않는 말이었다.

하지만 도인포기 치료가 진행되자 그녀의 몸속에서 이상한 기운이 감지되기 시작했다. 뭔가 뭉클거리는 자그마한 기체 알갱이들이 자신의 팔과 다리로 움직였고, 위장에서도 좀처럼 느껴 보지 못했던 온기가 서서히 퍼져 나가는 걸 느꼈다. 더욱 신기한 것은 그러면서 자신의 몸이 저절로 움직이기 시작했다는 것이다.

"어! 다리가 저절로 움직여요. 팔도 움직이려고 해요."

몸이 자기도 모르게 움직이자 그녀는 치료사 쪼우동량에게 말했다.

"괜찮아요. 기운이 팔과 다리로 흐르면서 기의 흐름이 원활해지고 있는 겁니다. 그냥 두세요."

쪼우동량이 대답했다.

그녀는 쪼우동량의 말대로 기운이 흘러가는 대로 자신을 그냥 맡겨 두었다. 어쨌든 지금 그녀는 팔다리로 기운이 흐르는 것을 느끼고 있었고, 간만에 따스한 온기가 위장에 퍼져 나가는 걸 생생하게 알아차리고 있었다.

이윽고 양다리가 골반 쪽으로 흡사 천장을 보고 벌렁 드러누운 개구리 마냥 접히더니 양발바닥이 서로 합쳐졌다. 양손은 다리 양옆에서 몸통 정중앙을 따라 위로 훑어 올라와서는 머리를 X 자로 교차한 뒤다시 머리에서 배로 내려왔다. 마지막에 양손은 배에 얹혔다.

누군가 곁에서 이 장면을 지켜봤다면, 지켜보는 그는 그녀가 치료사에게서 말로 최면이 걸린 게 분명해 라고 생각했을 것이다. 하지만 그녀는 분명 자기의 깨어 있는 의식으로 저절로 움직이는 자신의 팔과다리를 가만히 지켜보고 있었다. 곧이어 팔과 다리의 움직임이 모두멈췄다. 그즈음 쪼우동량의 도인포기 치료도 거의 끝나가고 있었다.

치료를 마칠 때, 석 씨는 흡사 개구리처럼 양다리를 접어 골반 쪽으로 구부리고 있는 묘한 자세를 취하고 있었다. 그녀는 살아오면서 억지로라도 이런 기묘한 자세를 해 본 적이 결코 없었다. 정말 이상했다. '내가 왜 이런 요상한 자세를 하고 있는 거지?'

쪼우동량이 치료를 끝내고는 그녀에게 말했다.

"그 자세로 몇 분 정도 가만히 누워 계세요. 이건 몸의 선천적인 기의 능력이 깨어나 자신의 몸이 어떻게 해야 낫는지를 몸소 보여 주는 겁니다. 이 자세의 명칭은 '환양와(環陽臥)'예요. 즉 몸속의 따뜻한 기운인 양기가 전신으로 계속해서 돌게 하는 누운 자세라는 뜻입니다."

그건 사실이었다. 누워서 이 자세를 취하고 있자 몸은 이루 말할 수 없이 따뜻해지기 시작했다. 체온도 올라갔다. 몇 년간 이렇게 손발이 따뜻해 본 적이 거의 없었는데, 이젠 손과 발에 온기가 돌기 시작했다. 그와 더불어 배 속에도 뜨듯한 기운이 느껴졌다.

더더욱 놀라운 것은, 배 속에 발생한 뜨듯한 기운이 양다리를 타고서 양발바닥 쪽으로 내려갔다가 도로 배 쪽으로 계속 올라온다는 것이었다. 그뿐만이 아니었다. 다리에서 배로 올라온 기운은 곧바로 배 속의 따뜻한 기운과 합쳐져서 양팔을 타고 끊임없이 돌았다. 이 따뜻한 기운(阳氣)의 순환은 누워 있는 동안 내내 이루어졌다. 그녀는 속으로 생각했다. '이렇게 24시간을 누워 있다면 정말이지 몸이 마치 하루 종일 온탕 속에 들어가 있는 것처럼 따뜻할 것 같다.'

도인포기 치료는 기대 이상이었다. 도인포기는 대개 30분 정도로 끝나는데, 이후 10~20분가량은 누워서 휴식한다. 여태껏 수많은 양방과 한방의 치료로도 결코 경험해 보지 못했던 것을 그녀는 단 한 번의 치료로 경험하고는 쪼우동량에게 이후 자신의 병 치료를 전적으로 맡기겠다고 말했다. 분명 그 치료 기술은 그녀에게 뚜렷한 효과가 있었다.

도인포기 치료로 위장에 맺혀 있던 한기가 치료사의 기에 의해 추동(推動), 즉 밀려서 움직이기 시작했고, 차츰 팔과 다리를 통해 밖으로 빠져나가면서 그녀는 몸이 따뜻해지는 걸 경험했다. 그에 더해 몸속에 선천적으로 내재돼 있던 자신의 기가 방출되면서 자연스레 환양와라는 자세를 취하게 됐다. 이로 병의 치료 효과는 더욱 극대화됐다.

평소 누구라도 환양와를 하고 있으면 몸속에 있는 따뜻한 기운이 점차 팔다리로 흐르는 걸 느낄 수 있다. (온몸의 경락이 꽉 막혀 있으면 따뜻한 기운이 팔다리로 도는 데는 다소 시간이 걸린다.)

손발이 늘 차갑고, 얼굴이 푸석하고 건조하며, 팔과 다리가 납덩이 처럼 무겁고, 마음이 늘 우울한 것은 다름 아닌, 따뜻한 양기의 순환이 몸속에 가득 찬 한기에 가로막혀서 제대로 이루어지지 않기 때문이다. 이럴 땐 도인포기 치료로 몸속 한기를 빼내는 동시에 환양와를 통해 끊임없이 양기를 팔다리로 돌려 주면 된다. 그럼 날이 갈수록 몸속에 서 한기는 빠져나가고 양기는 늘어나 몸이 전반적으로 따뜻해진다. 손 발이 따뜻하고, 얼굴이 촉촉해지며, 다리와 몸에 힘이 차고, 마음이 쾌 활해진다.

환양와는 누워서 몸속의 양기를 무한대로 돌게 하는 특수한 기공 비 결이다.

• 환양와

1. 바르게 눕는다. 다리를 쭉 뻗은 상태에서 양발을 좌우로 흔들어 고 관절에 힘을 뺀다. 힘이 빠지면 서서히 양다리를 구부려 양발바닥 을 서로 합치고, 합친 발을 회음 부위로 바짝 당겨서 붙인다. 이때 다리는 흡사 천장을 보고 벌렁 드러누운 개구리와 같은 모양이다.
2. 양손은 아랫배 위에 올려놓는다.
3. 이 자세를 취하고서 수 분 내지 수십 분 동안 죽은 듯이 누워 있는 다. 잠이 오면 그냥 잠을 자도 좋다.

병든 몸을 건강한 몸으로 바꾸는
8가지 기공 비결

30
심한 두통을 앓는
심약한 남자

감정이 가벼우면 병이 가볍다. _ 중국 속담

나는 어떤 사람과 단 몇 분만 함께 있어도 그가 어떤 병이 있는지를 80~90%는 알아낼 수 있다. 이건 어릴 적부터 나타났던 현상으로, 나는 다른 사람의 몸속을 흡사 자기공명장치(MRI)로 찍어 내듯 내 몸으로 똑같이 찍어 낼 수 있다. 그 결과, 그가 어떤 질병을 갖고 있고 어떤 증세를 보이고 있는지를 그와 똑같이 내 몸으로 겪는다.

가령 그의 위장이 콕콕 찌르듯 아프면 내 위장도 콕콕 찌르듯 아프고, 그의 심장이 꽉 쥐어짜듯 아프면 내 심장도 꽉 쥐어짜듯 아프다. 때론 이렇게 상대의 병을 몸으로 똑같이 찍어 내는 진단이 힘에 부칠 때도 있지만, 병을 상담하고 기공 처방을 하는 데는 두말할 필요 없이 상당히 유용하다. 꽤 빠른 진단으로 올바른 기공 처방을 신속히 내릴 수 있기 때문이다.

어느 날, 기연구소에 30대 초반의 남자가 왔다. 그는 수년째 극심한 두통을 앓고 있었다. 그간 병원 진료도 받았고 약도 먹었지만, 두통은 도통 낫질 않았다. 그는 의학적 치료 외에 무슨 방도가 있을까를 찾다가 기공이 병 치료에 좋다는 걸 알았다.

남자는 인터넷으로 국내의 기공 수련 단체들을 모조리 뒤졌다. 그들을 비교·검색해 보고 신뢰감이 가는 곳을 골라 방문 상담을 받았다. 하지만 상담을 해 보니 터무니없는 비용을 요구하는 곳이 태반이었다. 소주천, 대주천(소주천, 대주천이 뚫리면 몸의 병이 말끔히 없어질 뿐만 아니라, 심지어는 초능력까지 얻는다고 책에는 적혀 있다.)을 뚫어 주겠다고 천만 원을 내라고 하는 곳도 있었고, 앞으로 병이 낫고 운이 좋아지려면 자신의 운명을 바꾸는 사주명리학을 공부해야만 한다고 하면서 고액의 수업료를 요구하는 곳도 있었다. 두통이 낫는 직접적인 방법은 언급하지 않고, 다들 자신들에게 돈을 내라고 했다.

'감'이 오질 않았다. 이런 것들을 한다고 해서 자신의 두통이 나을 것 같지는 않았다. 계속 찾았다. 그러다 마침내 한 기공 선생을 찾았고, 그에게서 기공의 한 종류인 꼼짝 않고 서 있는 참장을 배웠다.

하지만 결과는 참담했다. 8개월 동안 각고의 참장 수련으로 그는 두통이 낫기는커녕 참장할 때 골반을 강제로 말아 넣는 바람에 결국 골반이 비뚤어졌고, 급기야 비뚤어진 골반의 영향으로 오른 무릎이 오다리처럼 바깥으로 휘어 버렸다. 그야말로 병을 떼려다 되레 병을 더 붙인 꼴이었다.

간혹 기공을 지도하는 사람들 중에는 개인이 만든 수련법을 시험 삼아 수련생에게 시켜 보는 사람이 있다. 물론 이는 자신이 그 수련법으로 병이 나았기 때문에 다른 사람도 나을 거라는 확신에 기초한 것이다. 하지만 내게 잘 맞았던 수련법이 타인에게는 안 맞는 경우가 허다하다. 오히려 편차, 즉 부작용을 가져오기 일쑤다. 이럴 땐 과감히 자기의 수련법을 버리고 대중들에게 유익을 가져다줄 수 있는 수련법을 택해야 한다. 그러니까 고집 센 기공사들은 자기 수련법을 제일로 여기는 오만과 교만을 일찌감치 버려야 한다는 소리다.

심한 두통을 앓고 있는 그 30대 젊은이는 그 기공사의 수련법이 잘 맞지 않았다. 더군다나 없던 병까지 더 보탰으니, 그 참담한 심정은 이루 말할 수가 없었다. 그는 기공 선생을 철석같이 믿었던 자신을 꾸짖었다. '내가 지지리도 못나서 저런 기공 선생을 믿고 따라 수련을 해 몸을 더 망가뜨렸다. 제기랄.' 그의 가슴속엔 기공에 대한 불신만 잔뜩 쌓였다.

'잘못된 참장으로 망가진 몸을 어떻게 고쳐야 할까?'

그는 이를 내심 고민하다가 또 인터넷을 뒤졌고, 마침내 나를 찾아왔다. 그는 나를 찾아오기 전, 마치 수천 페이지에 달하는 방대한 역사책을 방불케 하는 편지를 내 메일로 보내왔다. 그 내용은, 자신의 현재 상태와 그간의 수행 편력, 그리고 8개월간 잘못된 참장을 배워서 망가진 몸에 대한 것이었다. 그의 어조는 격한 감정과 분노로 가득 차 있었다. 그의 편지 한 통을 읽는 데만 족히 30~40분은 걸렸다. 두 달 동안 여섯 통의 편지를 받았다.

분개한 목소리가 가득 담긴 그의 편지에 나는 담담하게 답했다.

"이미 지나간 일이니 그 일은 그냥 지나가게 두세요. 그리고 이젠 제

병든 몸을 건강한 몸으로 바꾸는
8가지 기공 비결

대로 된, 역사가 수백 년이 넘은 기공을 배우세요. 개인이 만든 기공 수련법은 개인에게 맞을 뿐 모두에게 맞지는 않습니다."

그가 기연구소에 왔다. 내 메일 답변이 맘에 들었는지, 아니면 한 번 더 속는 셈 치고 믿어 보자 하는 심정으로 왔는지는 오직 그만이 안다. 그가 기연구소 입구로 들어올 때 나는 갑자기 심장이 아팠다. '아! 저 사람은 심장에 문제가 있군그래.'

아니나 다를까. 몇 분 동안 그의 얘기를 듣고 있자 내 심장이 불규칙하게 뛰었고, 이따금씩 기분 나쁜 찌릿찌릿한 전류가 심장에서 머리 쪽으로 흘렀다. 호흡도 매우 짧고 거칠어졌다. 그러니까 나는 그와 똑같은 증세를 느끼고 있었다.

상담 뒤, 그는 내게 수업을 받기로 했다.

수련한 지 두 달이 흘렀을 무렵, 그가 내게 말했다.

"사주를 봤더니 제 심장이 좋질 않대요. 그래서 남들이 하는 얘기에 쉽게 끄달린대요. 심장이 약해서 남들이 하는 저에 대한 자질구레한 말조차도 그냥 넘기지 못하고 가슴속에 깊이 쌓아둔대요. 이 때문에 운도 나쁘고 기운도 잘 순환하지 못한대요."

그랬다. 첫날에 느낀 대로 이 남자는 심장에 문제가 있었다. 그로 인해 극심한 두통이 계속 생겨난 것이다. 좀 더 분명히 말하자면, 심장의 불규칙한 펄스(Pulse)파가 계속 뇌를 치고 있는 것이었다. 심장의 펄스파를 안정시킬 수 있다면 그의 두통은 금방 나을 것이었다. 하지만 더 큰 폭탄이, 심장보다 더 깊숙한 곳에 도사리고 있었다.

31
'보는 힘'을
키우세요

인간은 여러 가지의 관계의 그물 속에서 얽혀서 살아간다. _ 안병욱

병의 뿌리는 찾지 않고 병의 줄기와 가지만을 잘라 내면 얼마 못 가
몸에서 도로 병이 도지고 만다. 병의 줄기와 가지를 잘라 내는 것은 쉬
워도, 그 뿌리를 찾아 송두리째 뽑아내는 것은 정말이지 거대한 산을
맨손으로 파서 옮기는 것만큼이나 대단히 어렵다.

그의 병의 뿌리이자 핵폭탄은 바로 심장에 누적된 '감정'이었다. 대
개 감정은 가슴의 심장에 켜켜이 쌓인다. 나는 그간 수많은 병자들을
상담해 오면서 이 사실을 여러 차례 확인하곤 했다. 그도 그러했다.

나는 그와 함께 심장의 펄스파를 안정시키는 데 제일인 내경일지선
마보참장을 단련하면서 수많은 대화를 나눴다. 그의 병의 뿌리가 신체
에만 있지 않다는 걸 이미 직감적으로 알고 있었기 때문이다. 이럴 때
는 상대와 장시간의 깊은 대화를 통해서 그의 무의식을 탐색하고 어루
만져야 한다.

병든 몸을 건강한 몸으로 바꾸는
8가지 기공 비결

뒤에 알았지만, 그의 병의 뿌리는 다름 아닌 '가족'에게 있었다. 그의 집안은 유복했다. 하지만 그는 어릴 적부터 바깥에서 친구들에게 놀림을 받았다. 찌질이라고. 집에 돌아와서 친구들에게 놀림을 받았던 일을 가족들에게 털어놓으면 친형, 엄마, 그리고 아빠 할 것 없이 한목소리로 이렇게 말했다.

"네가 못나서 그래.", "친구들이 괜히 그러겠어?", "그 이유를 잘 생각해 봐."

그는 가족들에게 위로를 받기는커녕 된통 구박만 받았다. 바깥에서 다친 아린 상처 위에 가족들은 고춧가루를 마구 뿌려 댔다. 이후 그는 바깥에서 친구들에게 놀림을 받아도, 왕따를 당해도 가족들에게는 입도 뻥긋하지 않았다. 중학교, 고등학교, 대학교 때, 그는 늘 혼자였다.

나는 서강대학교 평생교육원에서 상담심리학을 공부한 적이 있다. 그때 학교 과제로 상담전문가에게 심리 상담을 받으면서 안 사실이 있다. 어린 시절 부모에게서 충분히 수용받지 못한 감정은 성인이 된 뒤에도 그대로 남아서 일평생 심리적 장애를 떠안고 살아가게 된다는 것이다. 그러니까 상담의 본질은 어릴 적 충분히 수용받지 못했던 감정을 커서라도 충분히 수용받도록 누군가가 그를 이해하고 공감해 주는 것이다.

"어릴 때 가족들이 K 씨(가명)를 제대로 다독여 줬더라면, 지금쯤은 두통도 없을 테고 자존감도 굉장히 높았을 거예요. 정말 안타깝네요!"

나는 그의 가족들에 대해 들으면서 그에게 말했다.

물론 단순한 공감과 이해만으로 오랜 세월 가슴의 심장에 켜켜이 쌓여 있던 상처와 낮은 자존감이 일순간 아물거나 높아지진 않는다. 하지만 단 한 사람에게서도 위로받지 못했던 자신이 위로받고, 공감받으며, 이해받는 느낌을 가질 수 있다면 그는 나아질 수 있고, 나아갈 수 있다.

이후로도 나는 그와 수많은 대화를 나누며 그의 심장에 쌓여 있던 감정들을 하나둘씩 끄집어내 이해하고 공감하고 풀어냈다. 그의 치료 작업은 일반 병자에 비해 두 배, 세 배의 에너지가 더 들었다. 그렇더라도 나는 그와의 대화를 계속 이어 나갔다.

그 결과 석 달이 흐르자 그가 말했다.

"이젠 두통이 아주 조금 남아 있어요. 거의 두통이 생기질 않아요. 그리고 나 자신에 대해 조금씩 객관적으로 바라보는 힘도 점점 커지고 있어요."

이는 수업 때마다 공감과 이해에 더해 내가 그에게 누누이 강조한 이 '한마디의 힘' 때문이었다. 나는 수업에서 목청 높여 이렇게 말하곤 했다.

"'보는 힘'을 키우세요!"

공감과 이해, 그리고 자각. 이 셋이 있어야만 그의 병의 뿌리는 뿌리째 영원히 뽑힐 것이었다. 본질적으로 볼 때 공감과 이해란 타인을 통해 자기의 상처받은 감정을 치료하는 것이고, 자각이란 태풍의 눈을 가지고서 상처받은 감정을 아무 생각 안 하고 조용히 지켜보는 가운데 스스로 치료하는 것이다. 한마디로 자각은 태풍의 눈처럼 조용히 일체를 '보는 힘'이다.

32

태풍의 눈

자각은 치유를 위한 핵심적 요인입니다. _ 조셉 머피

마보참장을 서면 이 '보는 힘'이 점점 세진다. 대개 처음 참장을 서는 사람은 평소 꼼짝 않고 서 있는 것을 연습해 본 적이 없기 때문에 좀처럼 진득하게 서 있질 못한다. 단 3분도 채 서 있질 못하고 몸을 꽈배기처럼 배배 꼬곤 한다. 하지만 그 3분을 여러 번 나눠 서 버릇하면 나중엔 10분, 20분, 심지어는 1시간까지도 거뜬히 설 수 있게 된다. 이때 보는 힘, 즉 자각은 점점 세져 간다.

좀 더 구체적으로 말하면 이런 것이다.

당신은 지금 거실에서 마보참장을 서고 있다. 꼼짝 않고 서 있다. 10분이 흐른다. 가슴 앞에서 수평으로 나란히 뻗은 양팔을 본다. 팔을 보다가 이따금씩 고개를 숙여서 구부린 두 다리가 제대로 붙어 있는지 쳐다본다. 20분. 이제 몸을 보는 게 슬슬 지겨워지기 시작한다. 뭐 더 볼 것 없나 하고 주변을 두리번거린다. 하지만 뻔하다. 푹신한 소파,

텔레비전, 리모컨, 벽에 걸린 가족사진, 베란다에 놓은 화분, 펼쳐진 신문 등등. 이들은 노상 보던 것들이라 그다지 새로울 게 없다. 다시 몸을 본다. 여전히 지겹고 심심하다.

한데 딱 하나는 새로운 게 있다. 순간순간 일어나는 내 생각이다. 그래, 이건 좀 흥미롭다. 생각을 좇는다. 이 생각, 저 생각을 따라 과거로, 미래로, 미래에서 다시 현재로 왔다 갔다 한다. 생각을 타고서 시간 여행을 한다. 30분 경과. 이것도 한두 번이지 몇 번씩 하다 보면 이내 심드렁해진다.

40분이 지난다.

이제 안다. 외부는 아무것도 새로운 게 없다. 생각은 좀 새롭긴 한데, 생각을 좇다 보면 머릿속이 어지럽다. 다시 속으로 궁리한다. 이제 볼 것은 뭐가 더 남았나. 그렇다. 가슴속에 묵은 감정은 아직 안 봤다.

감정으로 조용조용 다가가 슬쩍 감정을 건드려 본다. 슬픔, 기쁨, 실망, 희망, 절망, 오열, 분노, 즐거움 등등. 건드려 볼 수 있는 감정은 죄다 집적거린다. 하지만 이것도 한두 번이지 몇 번씩 반복하다 보면 역시 심드렁해진다. 당신은 또다시 속으로 생각한다. 묵은 감정을 건드려서 꺼내는 것도 가슴속이 어지러울 뿐 별반 도움이 되지 않는군그래 하고 말이다.

50분. 이제는 도인(道人)의 단계다. 몸도 봤고, 주변도 봤고, 생각도 봤고, 감정도 봤다. 보고 보고 또 봤으나 여전히 심심해서 죽을 지경이다. 여기서 당신은 한 단계 업그레이드를 하기로 속으로 결정한다. '그래. 이제 해 볼 건 다 해 봤고, 마지막으로 딱 하나 안 한 게 있다. 바로 '안 하는' 걸 하는 것이다. 이걸 하자.'

놀랍게도 안 하고 있으니까 그렇게 편안할 수가 없다. 억지로 뭔가를 하려고 하는 버릇을 내려놓자마자 몸도 생각도 감정도, 심지어는 정신까지도 더없이 편안하다. 당신은 이제 안다. 꼼짝 않고 아무것도 안 하고 있는 것, 바꿔 말해 아무 생각 안 하고 서 있는 것이 대단히 어렵기는 하지만, 아무 생각 안 하고 서 있는 것은 모든 걸 생각하고 있는 것과 똑같구나 라는 엄청난 진리를 말이다. 그러니까 생각하는 것은 생각하지 않는 것과 같고, 생각하지 않는 것은 생각하는 것과 같다. 산은 산이요, 물은 물이다. 원더풀! 도인이 나셨다! 딱히 설명하기는 어렵지만, 대강 말로 설명하자면 이렇다는 것이다. 60분. 휴~우, 마보참장 끝!

당신은 마보참장의 단련으로 이제 아무 생각 안 하고 외부와 내부의 모든 걸 지켜보는 힘이 세졌다. 이로써 몸과 생각과 감정을 주시하는 힘이 세졌다. 그러니까 더는 몸과 생각과 감정에 사로잡히거나 휘둘리지 않을 수 있다는 뜻이다. 한마디로 부단한 마보참장의 단련을 통해서 내면에 '태풍의 눈'을 조용히 키워 온 것이다. 이 태풍의 눈에는 자기 인내력과 관찰력과 통찰력이란 실로 어마어마한 내적인 힘이 깃들어 있다.

그렇다. 극심한 두통을 앓고 있는 그도 이런 태풍의 눈의 힘을 몇 달간 지속적으로 점점 키워 온 것이다.

수련한 지 넉 달이 흐르자, 그는 두통에서 거의 벗어났다. 자존감은? 약간 높아졌다. 어쩌랴. 그간 가족과 친구에게서, 그리고 사회에서 받은 상처가 너무나도 깊이 곪아 있어서 아무는 데도 그만큼 시간이 오래 걸리는 것이다.

당부컨대, 현재 어린 자녀를 기르고 있는 부모라면 이를 반드시 마음속에 새겨두길 바란다. 어릴 때 부모에게 충분히 수용받지 못한 감정은 커서도 내부의 심장에 감정적 상처로 깊이 남아 결국 그의 일생을 병들게 하고 망쳐 놓을 수 있다.

33

기공 비결 6
102세 할머니의 감정 조절 비결,
한숨이 부정적 감정을 가볍게 한다

한숨을 쉰다는 건 생각보다 살기 위한 행위이다. 삶에 체했을 때
한숨을 쉰다는 건 손을 따는 것과 같다. _ 박상아

물론 '자각'한다는 것은 말처럼 쉬운 일은 아니다. 실제로 자각은 그에 따른 상당한 기간의 훈련을 거듭해야만 마침내 터득할 수 있다. 그보다 손쉽게 감정을 가볍게 하는 기공 비결을 소개한다.

중국 북경체육대학에서 기공을 배우고 있을 때였다. 때는 겨울이었고, 1월로 기억한다. 당시 바깥 기온은 영하 20~30도를 오르내렸다. 대학에서 기숙사 생활을 하고 있었는데, 밖에 나가면 몇 초 안에 양쪽 귀가 똑 떨어져 나갈 정도로 칼바람이 매섭게 몰아쳤다. 이때 나는 매일 학교에서 오전 수업을 받고, 오후에는 학교 밖으로 나가 북경의 후미진 골목에 사는 기공 고수를 찾아다니면서 일대일 과외를 받고 있었다. 그러니까 동장군이 제아무리 기승을 부려도 기공에 대한 내 불타는 의지를 조금도 꺾어 놓을 순 없었다.

그러던 어느 날이었다. 하루는 지도 교수가 학생들에게 내일 새벽에

어딜 좀 가자고 했다. 거기에 가고 안 가고는 학생들의 자유의사라고 했다. 자습할 사람은 교실에 남아서 기공을 연습하고, 가고 싶은 사람은 다음날 모임 장소로 새벽에 일찍 나오라고 했다. 하지만 교수는 어딜 가는 것인지에 대해 정확하게 말해 주지는 않았다.

이튿날, 나는 몹시 이른 새벽부터 바삐 움직였다. 자꾸만 감기는 눈을 비비며 모임 장소로 나갔다. 미니버스가 시동을 걸고 대기하고 있었다. 차창을 통해 버스 안을 들여다보니 나보다 먼저 온 친구가 몇 명 보였다.

차에 탔다. 버스 안은 히터를 빵빵하게 틀어놔서 흡사 남태평양 섬처럼 아주 따뜻했다. 뒤이어 학생들이 하나둘씩 버스에 올라탔다. 얼추 버스 자리가 다 차자, 이윽고 차가 출발했다. 차는 어딘가를 향해 갔다. 당신도 예상하다시피 다들 차에 타자마자 차를 타기 전에 약속이나 한 듯 곯아떨어졌다. 잠이 솔솔 왔다.

대강 느낌상으론 차를 타고 1시간쯤 간 것 같다.

"다 왔다!"

교수의 고함(보통 중국인들이 내뱉는 말은 흡사 고함처럼 들린다.)에 다들 실신하듯 자다가 화들짝 놀라서 깼다.

우린 졸린 눈을 비비면서 버스에서 내렸다. 내려서 주위를 둘러보니 사방이 그야말로 휑했다. 회색 시멘트 벽돌로 지은 큰 건물 몇 채에 중앙에는 커다란 정원이 딸린 곳이었다. 겨울이어서 그런지 정원의 나무들은 나뭇가지만 앙상하게 남아 있었다. 하지만 무슨 나무인지는 겉만

봐서는 도무지 알 길이 없었다. 봄이 되면 나무에서 꽃들이 피어나고, 꽃들이 피면 그게 무슨 나무인지 알 터였다. 잠시 정원을 둘러보고 있는데, 갑자기 한 차례 매서운 바람이 어디선가 휘몰아쳤다. '으윽.' 북경보다도 더 살을 에는 바람이었다. 바람이 몸속을 파고들지 못하도록 옷깃을 단단히 여몄다.

'으으, 추워! 여긴 대체 뭐 하는 곳이지?'

남태평양 섬 같은 차에서 막 내린 우리는 추위에 몸을 작은 새처럼 바르르 떨면서 어리둥절한 표정을 하고 있었다. 물론 교수가 학생들을 쓸데없는 곳에 데리고 와 쓸데없이 시간을 낭비하진 않을 것이다. 어쨌든 꼭두새벽부터 차를 타고 여기까지 데려온 건 우리에게 뭔가를 보여 주기 위함이 분명했다. 아니면 모두들 교수를 뱁새눈을 뜨고서 마구 째려볼 것이다. 아니, 제발 그러지 않길 바랄 뿐이다.

뒤에 알았지만, 그곳은 바로 노인들이 거주하는 북경시 외곽의 요양병원이었다. 요즘 식으로 치자면 일종의 실버타운이다.

교수는 우리를 데리고 건물로 들어갔다. 실내로 들어가니 좀 살 것 같았다.

가장 먼저 그곳의 원장실에 들렀다. 교수는 원장과 짧게 인사를 나누고는 그에게 우리를 새끼줄에 꼰 굴비처럼 한데 묶어 대학에서 자신에게 기공을 배우는 학생들이라고 소개했다. 그다음엔, 병실들을 이리저리 돌아다녔다.

'적적하신 할아버지, 할머니분들 위문을 온 것인가?'

병실을 도는 우리는 입 밖으로 서로 말은 꺼내지 않았지만, 모두 이 렇게 생각하고 있었다. 하지만 이 요양 병원에서, 우리는 정말이지 놀 라운 할머니를 만났다. 바로 102세의 할머니다.

100세를 두 해나 넘긴 할머니는 매우 건강했다. 귀도 전혀 어둡지 않 았다. 보청기 없이도 일상의 대화가 가능했다. 거동도 일반 노인에 비 해 자유로웠다. 일어나고 앉을 땐 여느 노인처럼 다소 느리긴 해도 스 스로 일어나고 앉았다. 더욱 놀라운 것은 얼굴이 약간의 검버섯만 빼 면 언뜻 보면 70대 정도로 보인다는 것이었다.

교수가 할머니에게 다가가 손을 꼭 잡았다. 반가운 어조로 말했다.

"할머니, 저 왔어요. 그간 건강하게 지내셨죠?"

"응, 나 아주 건강하게 지내. 고마워!"

할머니가 웃으며 대답했다. 웃을 때 그녀의 치아가 살짝 보였는데 틀니인지는 대놓고 물어보지 않아서 모르겠지만, 이는 누가 봐도 아주 튼튼해 보였다. 그리고 대답하는 목소리에도 힘이 실려 있었다.

교수가 고개를 돌려 우리를 보면서 말했다.

"이 할머니는 올해 연세가 102세야. 여태껏 잔병치레 없이 아주 건 강하게 사셨어."

그리고는 이 할머니가 어떻게 이토록 건강하게 오랫동안 사실 수 있 었는지를 할머니의 입을 통해 우리에게 직접 들려주었다.

교수가 할머니에게 물었다.

"할머니, 여기 있는 사람들은 제가 학교에서 기공을 가르치고 있는 학생들이에요. 할머니가 장수하는 건강 비결을 학생들에게 말씀해 주실 수 있으세요?"

"암, 물론이고말고."

할머니는 교수의 말을 받고는, 가늘게 한숨을 쉬면서 말했다.

"휴~ 나는 있지 말야. 아주 젊었을 적부터 남들과는 다른 이상한 버릇이 하나 있었어. 왜 그런지는 나도 잘 모르겠는데 걸핏하면 한숨을 쉬었거든. 이렇게 말이야. 휴우~"

할머니는 어깨를 들썩이면서 숨을 깊게 들이마셨다가 이어 어깨를 툭 떨구고는 길게 한숨을 내뿜었다. 그걸 보고 있던 우리는 엉겹결에 할머니를 따라 했다.

"휴우~"

"휴~"

"휴~우"

여러 한숨이 잇따라 여기저기서 터져 나왔다. 일순간 방 안은 한숨으로 가득 찼다. 방의 위, 중간, 아래 할 것 없이 모든 공간이 한숨으로 가득 찼다. 학생들의 키는 산의 능선처럼 들쭉날쭉했다.

우리는 방 안에 앉을 자리가 없어서 멀뚱히 선 채로 할머니와 교수와 함께 한숨을 쉬었다. 할머니는 침대 바로 옆에 놓여 있는 푹신한 팔걸이 소파에 팔꿈치를 기댄 채로 앉아서 한숨 쉬는 우리를 얼굴에 미소를 한가득 머금고 바라보고 있었다. 간만에 자신을 찾아온 손자와 손녀를 바라볼 때의 딱 그 표정이었다.

지금 이 순간 당신은 무슨 생각을 하고 있는가. '이런 한심한 작자들 같으니라고.' 혹 이렇게 생각하고 있지는 않은가. 요양 병원에 가서 기껏 한다는 게 할머니와 함께 한숨을 쉬는 것이라고 말이다.

하지만 나는 이때 눈앞에서 기공 비결 중에 최상의 비결을 보고 있었다. 아마도 당신은 영화나 무협지를 보고는 깊은 산중의 도사나 무림의 고수에게만 절대 무공 비결이 있을 거라고 생각할 것이다. 그건 반은 맞고 반은 틀리다. 무엇보다 이 점을 마음속에 깊이 새겨 두길 바란다. (손에 펜을 쥐고 있다면 다음 문장에 밑줄을 쫙 그으면 더욱 좋다.) 전혀 새로울 것 없는 일상의 행동에서 우리는 기공 비결 중에서 최고의 비결을 얻을 수 있다.

할머니는 소파에 앉아서 우리가 한숨을 다 내쉬는 걸 기다렸다가 이어 말했다.

"휴우~ 이렇게 길게 한숨을 내뱉고 나면, 있지, 가슴속이 아주 편안해졌어. 그래서 이게 굉장히 나한테 도움이 되는 거구나 하는 걸 알았지. 그 뒤론 매일 아침마다 일부러 한숨을 쉬곤 했어. 그랬더니 오래 묵혀 있던 가슴속의 응어리들까지 하나둘씩 감쪽같이 사라지는 거야. 신기했어. 한숨이 가슴에 쌓인 감정들을 풀어 줄 수 있다는 게 정말로 신기했지."

"아아!"

이 말을 듣는 순간, 내 입에서는 얕은 신음이 절로 나왔다.

'한숨이, 그러니까, 가슴속에 쌓인 감정들을 풀어 준다고? 그러면 일

상에서 쌓이는 부정적 감정을 한숨으로 그때그때 밖으로 풀어낼 수 있다는 거잖아.'

한마디로, 내 예상은 한참이나 빗나갔다. 북경에서 멀리 떨어진 이런 외곽에서, 그것도 요양 병원에서 이렇게 일상의 기공 고수를 만날 줄은 미처 생각지도 못했다. 그제야 교수가 꼭두새벽부터 우릴 여기까지 데려온 이유를 알 것 같았다. 그렇다. 공부는 결코 교실에만 있는 게 아니라 삶 자체에 있다. 그러니까 교수는 이 점을 학생들에게 몸소 체험하게 해 주려는 것이었다.

똑똑.

그때 누군가가 방문을 두드렸다. 미닫이문이 스르르 열렸다. 간호사였다. 그녀는 쟁반에 음식을 받쳐 들고 있었다. 할머니의 아침 식사 시간이었다.

교수는 할머니의 손을 다시금 꼭 잡았다. 그는 할머니에게 부디 120세까지 지금처럼 건강하게 사시라고 축원했다. 우리도 할머니의 손을 1등이 여러 번 나온 복권집 앞에서 차례대로 줄을 서서 복권을 사는 사람처럼 기대에 찬 설렘을 안고서 한 사람씩 잡으며 그녀에게 같은 말을 건넸다.

"할머니, 120세까지 지금처럼 항상 건강하세요!"

노인은 우리 한 사람 한 사람을 향해 일일이 "고맙다."라고 대꾸했다.

학교에서의 기공 수업, 그리고 학교 밖에서의 기공 수업. 이 두 가지는 우리에게 기공을 지도하는 교수가 좋는 교육 방식이었다. 삶의 현장에서 인생의 고수로부터 배우는 기공 수업은 학교의 기공 수업을 한층 더 폭넓고 깊게 해 주었다. 공부란 이런 식으로 안팎으로 통합되고 확장되어야 하는 것이다.

그날 할머니에게서 엄청난 기공 비결을 하나 전수받았다. 가슴속에 쌓인 감정을 가볍게 하려면 매일매일 한숨을 쉬어라. 그러면 그 부정적 감정이 몸 밖으로 연기처럼 빠져나가고 가슴이 한결 편안해진다.

특히나 한국의 옛 어른들은 젊은 사람이 한숨 쉬는 걸 마뜩잖게 생각한다. "젊은 게 무슨 걱정이 있다고, 땅이 꺼지게 한숨을 쉬어." 하고 타박하기 일쑤였다. 하지만 그건 모르고 하는 소리다. 감정의 경중에 어디 노인과 젊은이가 따로 있겠는가. 누구든지 감정의 무게는 자기가 짊어지고 있는 것이 가장 무겁고 가장 힘겨울 수 있다. 나이를 불문하고 감정으로 누구나 고통스러울 수 있는 것이다.

나는 기공을 연구하면서 숨이 감정의 부정적 기운을 밖으로 배출하는 데 가장 신속하고 탁월하다는 걸 깨달았다. 또한, 사람들을 가르치면서도 그런 사실을 사람들에게서 거듭 확인하곤 했다.

우리가 일상에서 소화하지 못한 부정적 감정들은 가슴속에 먼지처럼 켜켜이 쌓인다. 그리고 그 쌓인 양이 넘치면 언젠가는 시한폭탄처럼 폭발하게 된다. 따라서 자신의 감정을 매일 가볍게 만들 필요가 있다. 그러려면 우리는 102세 할머니의 기공 비결을 따라 할 필요가 있다. 할머니가 매일 그랬듯 아침에 일어나면 앉아서 "휴우~" 하고 길게 한숨을 내뿜어 보라. 당신의 그 뭉친 가슴이 한결 가볍고 편안해질 것이다.

가장 단순한 것이 가장 훌륭한 것이다. 한숨을 쉰다는 것은 바로 감정을 치유하는 가슴의 목소리다.

34

건강의 절반은
마음 건강이다

산만해지지 않고 집중하는 능력은 매일 반복하는 명상과 직결된다. _ 스티브 잡스

매일같이 우리는 우리 몸의 건강을 위해 부단히 애쓰며 살아간다. 특히 30대 이후에는 갈수록 쇠약해져 가는 몸에 주의와 관심을 더욱더 기울이게 된다. 직장 생활을 하느라 피로에 찌들어 있는 몸을 회복시키기 위해 음식에 주의하고, 건강 보조식품을 챙겨 먹으며, 운동을 정기적으로 하곤 한다. 하지만 우리가 간과하고 있는 매우 중요한 한 가지 사실이 있다. 그건 건강의 절반이 바로 '마음 건강'이라는 것이다.

성인이 되었다면 대학에서 벗어나 사회생활을 하면서 각종 스트레스에 시달리게 될 것이다. 직장 내의 일뿐 아니라 인간관계도 그러하다. 빠르게 변화하는 세상의 속도에 발맞추기 위해선 어쩔 수 없이 몸과 마음을 더욱 치열하게 몰아붙일 수밖에 없다. 치열한 경쟁 속에서 뒤처지지 않으려면 자격증이라도 하나 더 따야 하고, 남들 놀 시간에 외국어라도 하나 더 배워 둬야 한다. 좀 더 나은 자기의 삶을 위해서는

병든 몸을 건강한 몸으로 바꾸는
8가지 기공 비결

그야말로 한숨 돌릴 틈조차 없다. 마음 한구석에선 '내 미래의 삶을 위한 것이니 이쯤은 충분히 감내할 수 있어.'라고 스스로를 다그친다.

그러나 분명히 말하지만, 당신의 몸과 마음의 에너지는 갈수록 줄어들고 약해져 가고 있다. 흔히 말하는 '번 아웃' 상태가 자기도 모르게 매우 빠른 속도로 진행되고 있다. 일이 많아질수록, 신경 써야 할 것이 더 많아질수록 그 진행 속도는 더욱더 가속화된다. 이에 따라 몸뿐만 아니라 마음도 극도의 피로를 느끼게 된다. 그러다가 어느 순간에 이르면, 결국 지치지 않고 나아갈 수 있는 힘이 완전히 바닥난다. 이럴 때 몸에 병이 생기는 것이다. 신체의 질병뿐 아니라 마음의 질병도 함께 겪게 된다. 한마디로 몸과 마음이 다 앓는다.

분명 우리가 일생 동안 쓸 수 있는 몸과 마음의 에너지는 한정돼 있다. 그러므로 당신의 시간과 에너지를 모두 지쳐 가는 몸의 회복에만 쓰고 있다면, 이젠 지쳐 가고 있는 마음의 회복에도 각별히 신경을 써야 한다. 안 그러면 언젠가는 반드시 몸과 마음이 반란을 일으킬 것이다.

하루가 시작되기 전 20~30분 혹은 하루를 끝마치고서 20~30분 정도의 시간이면 우리는 건강의 절반을 차지하고 있는 마음 건강에 시간을 들여 마음의 에너지를 맑고 투명하고 신선하게 회복할 수 있다.

기억해야 할 것은 마음도 몸과 마찬가지로 무한정 일을 할 수 있는 기계가 아니라는 점이다. 그러니까 마음에도 때때로 몸처럼 쉼표와 마침표를 찍어 줘야 한다. 그래야 마음이 에너지를 새롭게 재충전해 그다음 일을 진행할 때 훨씬 더 많은 생기와 활력을 확보해서 일을 착착 진행해 나갈 수가 있다.

요컨대, 점심시간에 커피 한잔 마실 정도의 시간이면 우리는 다른 사람이 흔히들 겪고 있는 심신의 번 아웃 상태에서 벗어나 일상에 훨씬 더 효율적으로 대처하면서 몸과 마음에 생기와 활력을 불어넣을 수 있다.

평소 아침, 점심 혹은 저녁의 한때를 이용해 정좌(靜坐, 아무것도 안 하고 조용히 앉아 있기)하는 습관을 들여라. 매일 정좌를 생활화하면 일의 몰입도와 집중력과 판단력이 모두 상승하고, 스트레스에 대한 면역력이 상당히 높아지며, 인생 전반에 대한 지혜와 안목까지 갖추게 될 것이다.

병든 몸을 건강한 몸으로 바꾸는
8가지 기공 비결

35

맑고 투명하고
신선하라

참장은 신체의 능력을 개발하고, 정좌는 두뇌의 능력을 개발한다. _ 기공사 왕서정

나는 눈을 뜨면 정좌한다. 이건 하늘이 두 쪽 나도 정해져 있는 일과다. 정좌를 알고 난 뒤로 수십 년 동안 나는 정좌를 일상에서 가장 먼저 해야 할 일로 내 머릿속과 몸과 궁둥이에 각인했다. 이젠 머리도 몸도 궁둥이도 정좌를 안 하면 내게 이렇게 아우성을 치곤 한다. "이봐, 오늘은 왜 정좌를 안 하는 거야. 몸과 정신이 짙은 안개 속을 헤매는 것처럼 마냥 뿌옇잖아."

간밤에 잠을 제대로 자지 못해 몸도 찌뿌둥하고 정신마저 뿌열 때 정좌를 한바탕 하고 나면 정말 보란 듯이 몸도 원기를 차리고 정신도 안개가 싹 걷힌 듯이 선명하게 깨어난다. 마치 산삼을 한 뿌리 통째로 먹은 것처럼 몸은 원기 왕성해지고, 두개골 속에 든 뇌를 밖으로 끄집어내 산속의 깊은 웅달샘에 갓 목욕한 것처럼 정신은 더없이 맑고 투명하고 신선해진다. 이러니 정좌를 안 하면 몸의 각 부분들이 나를 향

해 일제히 아우성을 치는 것이다. "이봐, 얼른 앉아서 정좌를 하라고. 얼른 맑고 투명하고 신선해지라고."

기공사의 기본은 무엇보다 자기의 몸과 정신을 매일 훨씬 더 맑고 투명하고 신선하게 만드는 것이다. 그래야 기공사의 기장(氣場)이 학생의 기장에 영향을 미쳐 그 학생도 '덩달아' 더 맑고 더 투명하고 더 신선해지기 때문이다. 당신도 경험으로 알다시피, 기운이 좋은 사람과 함께 있는 것만으로도 당신의 기운은 훨씬 더 좋아지기 마련이다. 이 것은 기운이 좋은 사람의 파동이 같은 공간에 있는 사람에게로 공명하기 때문인데, 기공사가 매일 정좌를 통해서 자신의 몸과 정신을 훨씬 더 맑고 투명하고 신선하게 만들어 놓으면, 그 기운의 파동이 학생에 게로 공명해 학생의 몸과 정신도 그와 똑같은 수준으로 바뀌게 된다. 한마디로 한 사람의 기운이 또 다른 한 사람의 기운과 함께 공명해 그 의 기운을 높이 끌어올리는 것이다. 그리하여 기공사와 함께 있는 학생은 몸과 정신이 맑고 투명하고 신선한 기운으로 한층 더 고양되고 상승하는 경험을 한다.

나는 매일같이 기공 책을 쉬지 않고 쓰고 있다. (얼마 전 강연회에 서 만난 한 작가에게서 큰 자극을 받아서 평생 동안 기공 책 500권을 쓰기로 결심했다. 맙소사! 그 작가는 현재 298권의 책을 썼다. 더욱 놀라운 것은 1년 남은 환갑까지 300권을 쓴다고 한다. 그 작가의 이름은 '고정욱'이다.) 책을 쓰기 위해선 수많은 자료 조사와 독서가 병행돼야 한다. 해서 매일 책을 닥치는 대로 쉬지 않고 읽는다. 평균 하루에 서

병든 몸을 건강한 몸으로 바꾸는
8가지 기공 비결

너 권씩 책을 읽는다.

또한 이와 동시에 기연구소에 오는 학생들을 지도하며, 병자들을 전화로, 또는 대면으로 상담한다. 학생 지도는 하루에 5시간씩 하고 있고, 상담은 대개 원칙적으로는 한 시간 반으로 정해져 있으나, 얘기가 다소 길어지다 보면 두 시간을 넘기기 일쑤다. 이러다 보면 어떤 때는 몸이 정말 세 개라도 모자랄 판이다. 이런 경우에도 나는 항상 내 몸과 마음을 맑고 투명하고 신선하게 유지하려고 최선의 노력을 다한다. 어쩌면 이건 어쩔 수 없는 기공사의 숙명이다.

만약 내게 매일의 정좌가 없었더라면, 일찌감치 나는 저만치 나가떨어졌을 것이다. 지금쯤은 바닥에 아무렇게나 던져 놓은 짐짝처럼 널브러져 있을 것이다. 어떤 때는 기공 책을 연구하고 기공 책을 쓰느라 하루 일고여덟 시간을 밥도 먹지 않고 소변을 보러 화장실에 한번 가지 않고 오롯이 책상에 앉아서 책을 읽고 쓰곤 한다. (지금 이 순간에도 그러고 있다.) 허나 몰입과 집중력, 그리고 판단력은 언제 어느 때보다도 최상으로 유지되고 있다. 이를 수치로 바꾸면, 평소 100%의 능력을 발휘한다면 지금은 200~300%의 능력으로 이 책을 쓰고 있다. 그러니까 완전히 몰입하고 완전히 집중하고 완전한 판단하에서 책을 쓴다는 얘기다. 분명히 말하지만, 이건 순전히 매일같이 정좌를 한 덕분이다. 정좌가 아니었다면 지금과 같은 몰입력과 집중력과 판단력은, 글쎄, 없었을 것이다.

학생을 지도하거나 병자를 상담하다 보면 나도 스트레스가 아예 없을 수는 없다. 당연히 학생과 병자 앞에서는 시종 웃는 얼굴로 대하지만, 아침부터 저녁 늦게까지 학생과 병자를 상담하다 보면 육체는 물론이고 감정도 파김치처럼 녹초가 되기 일쑤다. 인간관계의 스트레스를 받는다. 다시 말해, 온종일 사람을 여럿 상대하다 보면 육체와 감정의 에너지가 고갈되는 것을 느낀다.

하지만 이것도 그리 오래가지는 않는다. 학생을 지도하거나 병자를 상담하기 전 또는 후에 짬짬이 눈을 감고 말없이 조용히 앉아 있는다. 정좌를 한다. 이걸로 스트레스로 인해 육체와 감정의 에너지가 손실된 것을 채워 넣고, 한편으론 이후 스트레스로 손실될 것을 미리 얼마큼 쟁여 놓는다. 그러니까 지도와 상담 사이사이에 맑고 투명하고 신선해지는 정좌의 짬을 두는 것이다. 그러면 학생을 지도하고 병자를 상담할 때, 스트레스를 좀 더 줄이고 맑고 투명하고 신선한 에너지를 그대로 보존하면서 학생과 병자를 미소 띤 얼굴로 대할 수 있다. 물론 이때의 웃는 얼굴은 억지로 웃음을 짓는 게 아니다. 자연스레 가슴속에서 깊은 산속의 옹달샘처럼 생기롭게 뿜어져 나오는 것이다. "곳간에서 인심 난다."라는 속담처럼 내면에 에너지가 가득 차 있어야 웃음도 자연스럽게 흘러나온다.

사람은 항상 자신의 기운을 어디에 어떻게 분배할지를 선택해야 한다. 하루에 쓸 수 있는 기운이란 늘 한정돼 있다. 어디에 기운을 집중해 쓰고 어디에 기운을 집중하지 말아야 할지를 선택하고 분배해야 비로소 일의 능률과 성과를 훨씬 더 높이 끌어올리고 더 낮게 할 수 있다. 하지만 일을 추진할 때 그 기운의 선택과 분배도 기운이 어느 정도 몸속에 들어 있을 때라야 가능한 얘기다. 바꿔 말해 기운이 바닥난 상태로는 일에 대한 어떤 선택과 분배도 하지 못하며, 더군다나 일의 능률도 성과도 기대한 만큼 끌어올릴 수 없다는 말이다.

종일 자신의 기력 수준을 항상 아침과 같은 맑고 투명하고 신선한 수준으로 유지할 수 있다면, 일의 능률과 효율과 성과는 두말할 필요 없이 전과는 크게 달라질 게 분명하다. 간혹 학생들은 나에게 이렇게 묻곤 한다.

"선생님은 몸과 정신의 에너지가 보통 사람들과는 뭔가 좀 다른 것 같아요. 이를테면 좀 더 원기 왕성하다고 할까요. 그 비결은 뭔가요?"

당연히 '정좌'다. 매일같이 아침에 눈 뜨면 하는 정좌 덕분에 주변 사람들에게도 원기 왕성한 모습으로 비쳐지는 것이다.

정좌는 일의 몰입도와 집중도와 판단력을 높이고, 감정에 대한 스트레스에 면역을 강하게 하며, 기력을 종일 아침의 수준으로 원기 왕성하게 유지해 준다. 정좌를 해야 할 확실한 이유 중에 이것보다 더 강력한 이유는 없다.

36
감정으로 기운이
좌충우돌하지 않는다

사람들은 닭이나 개 한 마리가 나가면 찾으러 다니지만, 마음이 도망가면 찾으러 하지 않으니 서글프구나. _ 맹자

정좌를 해야 하는 또 다른 확실한 한 가지 이유는 정좌를 하면 감정으로 기운이 좌충우돌하지 않는다는 것이다.

나는 아침에 정좌를 하고 나면 항상 책을 읽곤 한다. 기공 책, 의학 서적, 그리고 에세이 따위를 읽는다. 당연히 기공 책은 나의 일과 직접적인 관련이 있는 것이고, 의학 서적도 어찌 보면 인체 생리와 심리와 정신을 다루는 것이니 내 일과 직접적으로 연관이 있다. 그리고 수필은 머리를 식히고 한편으론 문장력을 기르는 데 도움이 돼서 읽는다.

정좌 뒤에 종종 읽곤 하는 의학 서적 중에 가장 좋아하는 서적은 현존하는 최고의 의학서라 불리는 《황제내경》이다. 몇 년 전 중국 상하이에 갔을 때 고서점에서 《황제내경》 영인본을 어렵사리 찾아내 구해 왔는데(이걸 사려고 오만 데를 다 쏘다녔다.), 그걸 보고 있다. 늘 느끼는 것이지만, 중국책은 번역문이 아닌 원문으로 읽을 때야말로 저자의

병든 몸을 건강한 몸으로 바꾸는
8가지 기공 비결

목소리가 귓가에 생생하게 들려온다. 누군가의 손을 거친 문장은 제삼자를 통해 저자의 목소리를 전해 듣는 것처럼 저자의 목소리인지, 아니면 화자의 목소리인지 분간이 애매모호할 때가 제법 많다.

이제《황제내경》을 쓴 저자인 기백의 목소리를 들어 본다.

"백 가지 병은 기운에서 생긴다. 화내면 기가 위로 솟구치고, 기뻐하면 기가 늘어지며, 슬퍼하면 기가 줄어들고, 두려워하면 기가 아래로 떨어지며, 놀라면 기가 어지러워지고, 생각이 많으면 기가 응어리진다."

대부분의 사람은 화를 내면 이내 얼굴이 달군 쇠처럼 벌겋게 달아오르고, 심장이 빨리 뛰기 시작하며, 온몸에서 아드레날린이 마구 뿜어져 나오는 걸 느끼곤 한다. 근육이 벌벌 떨린다. 슬퍼하면 얼굴에서 웃음기가 사라지고, 가슴이 움츠러들며, 몸에서 좀처럼 기운이 나지 않는 걸 느낀다. 만사가 귀찮아진다. 그리고 이것저것 생각하는 것이 많아질수록 머리가 잘 돌아가지 않고, 소화도 잘 안 되며, 신경질적으로 돌변한다. 이럴 때는 되도록 이 사람을 병균처럼 멀찌감치 피하는 게 상책이다. 그러니까 요지는, 많은 사람들이 감정을 느낄 때 이런 신체의 변화를 겪고 있다는 것이다.

하지만 사람들은 신체가 이렇게 변하는 것을 그냥 그러려니 하고 넘어가기 십상이다. 거기에 기운이 위로 솟구치고, 아래로 늘어지고, 줄어들고, 떨어지고, 어지러워지고, 응어리지는 건 아예 생각조차 하지 못한다. 물론 눈에 보이지 않으니까 이를 알 수는 없다. 그리고는 신체가 그러는 것은 그냥 호르몬 변화이거나 신경의 작용이겠거니 하고 구렁이가 담 넘어가듯 훌렁 넘어가는 것이다.

《황제내경》에서 기백이 말했듯이 감정은 기운을 좌충우돌하게 한다. 기운이 몸속에서 위로 아래로 옆으로 이리저리 부딪히게 하고, 줄어들게도 하며, 심지어는 떡처럼 뭉쳐 놓기도 한다. 한마디로 감정이 기를 떡 주무르듯 주무른다.

그러니까 내가 하고 싶은 말은 감정이 움직일 때는 반드시 기운도 따라 움직인다는 점을 알아 둘 필요가 있다는 것이다. 그리고 그것이 병을 만든다는 것을 함께 알아 두어야 한다. 감정은 단순히 감정 자체로만 느끼고 끝나는 것이 아니라, 몸속의 기운을 좌충우돌하게 해서 질병을 일으킨다.

그럼 감정이 기운을 움직이고 질병을 일으키니까 감정은 아예 느끼지도 말란 소리인가. 그렇지 않다. 나 또한 일상에서 화를 내고, 기쁨과 슬픔을 느끼며, 무서워 벌벌 떨기도 하고, 깜짝깜짝 놀라기도 한다. 하지만 보통 이런 감정들을 느낀다 해도 감정이 그리 오래가지는 않는다. 기껏해야 하루면 충분하다. 이는 매일 아침 정좌를 하기 때문이다.

때로는 예상치 못한 일이 발생해 감정의 격동을 심하게 겪는 경우가 있기는 하지만, 대개 그것도 하루면 아무 일 없이 유야무야 사라지고 만다. 그래서 가족들이 한목소리로 내게 이런 별명을 붙여 주었다. "만사태평." 단언컨대, 이렇게 감정을 조절하는 능력은 모두 정좌에서 비롯된 것이다.

당신도 감정으로 기운이 좌충우돌하는 것을 미연에 방지할 수 있으며, 그와 더불어 기운을 내면의 중심에 안정시켜 기운을 계속 증강시켜 나갈 수 있다.

37

기공 비결 7 정좌,
감정을 중립에 두라

육체 건강에는 역시 채소다. 그렇다면 감정 건강을 위한 채소는 무엇일까? 바로 무미건조하고
일상적인 삶의 진리를 받아들이는 것이다. _마크 맨슨

긍정적인 감정은 "Yes!", 부정적인 감정은 "No!"

당신은 지금껏 살아오면서 사람들이 긍정적인 감정을 좋아하고, 부정적인 감정은 싫어하는 말을 익히 들어 왔을 것이다. 한데 긍정적인 감정은 좋고, 부정적인 감정은 싫어하는 건 모두가 당연히 따라야만 하는 절대적인 법칙과도 같은 것일까? 여기서 한 단계 더 나아간 감정의 진화는 없는 것일까?

물론 긍정적인 감정은 주변 사람들에게 긍정적인 감정을 불러일으켜 모두를 덩달아 기분 좋게 하는 반면에 부정적인 감정은 보는 이로 하여금 부정적인 감정을 일으켜서 같이 기분 나쁘게 만든다.

그렇지만 이 상대적인 두 가지 감정 외에 우리가 반드시 주목해야 할 또 다른 감정이 있다. 바로 '중립의 감정'이다. 즉, 좋지도 나쁘지도 않은 감정이다.

정좌를 하면서 나는 이 중립의 감정에 대해 깊이 생각하곤 했다. 물론 이와 관련해선《황제내경》의 도움을 매우 크게 받았다는 사실을 미리 밝혀 두고 싶다.《황제내경》엔 정말이지 감정을 조절하는 놀라운 비결들이 이루 헤아릴 수 없이 많이 기록돼 있다. 말하자면,《황제내경》이야말로 침대 머리맡에 두고 수시로 들여다볼 감정 교육을 위한 최고의 전문 심리 서적이다.

　어쨌든《황제내경》에서 내가 배우고 이어 꾸준한 정좌를 통해 통찰한 것은 감정은 긍정으로나 부정으로 치우치지 않은 중립일 때야말로 여러모로 가장 좋다는 점이다.

　구체적으로는 여러모로 뭐가 좋을까.

　심리적으로 안정을 취해 심리적 기운의 소모를 줄인다. 이 절약한 기운을 몸속에 벽돌을 하나씩 착착 쌓아올리듯 끊임없이 쌓아 더욱더 몸의 성(城)을 견고하게 만든다. 그러니까 결코 무너지지 않는 철옹성 같은 몸을 만든다. 이렇게 하면 100세까지 사는 동안 병은 몸 밖에서 몸으로 더는 침입할 수 없고, 몸은 갈수록 훨씬 더 강해지고 튼튼해진다. 당신도 알다시피 마음이 무너지면 몸은 삽시간에 붕괴되고 마는 법이다.

　《황제내경》에서 기백은 이렇게 말했다.

　"몸이 허해진 틈을 타서 침범하는 몸 밖의 나쁜 기운을 매서운 바람을 피하듯 제때에 피하라. 그다음엔 감정이 늘 안정되도록 감정을 중립에 놓고서 기운이 내면의 중심에서 조금도 움직이지 않게 하라. 그리하면 이에 따라 원기(元氣)가 봄날처럼 기운생동한다. 여기서 한발 더 나아가 정신마저 내면의 중심을 지켜서 조금도 움직이지 않게 하면, 일생 동안 그 어떤 병도 자신에게 생겨나지 않는다."

원더풀! 백 번쯤 읽고 나서 백 번쯤 더 읽어도 좋을 훌륭한 문장이다.

이 문장 중간쯤에서 기백은 여기서 논의하고 있는 말, 즉 "감정을 중립에 두라."라고 이야기하고 있다. 그리고 뒤따르는 문장에선 그러면 "원기가 봄날처럼 생동한다."라고 말한다. 이 둘을 이으면 "감정을 중립에 두면 기운은 더는 소모되지 않고 내면의 중심에 있는 원기에 더해져 계속 기운이 생동하며 솟아 나온다." 쯤으로 풀 수 있겠다. 그러니까 '감정 중립-절약된 기운-원기 증강'의 맥락이다.

앞서 언급했듯, 감정은 기운을 좌충우돌하게 해서 몸속에 병을 일으킨다고 했다. 바꿔 말해 감정으로 기운이 좌충우돌하지 않으면 몸속에서 기운이 안정돼 병이 더는 생겨나지 않는다. 여기에 더해, 그렇게 소모되지 않고 절약된 기운이 내면의 중심에 자리 잡고 있는 원기에 끊임없이 더해지면 몸은 난공불락의 견고한 성처럼 더할 나위 없이 강해질뿐더러 평생 병이란 모르는 몸으로 탈바꿈하게 된다. 기운이 몸 안팎으로 가득 차서 외부의 병뿐만 아니라 내부의 병도 모두 막아 내기 때문이다.

이것은 육안으로 확인 불가능한 감정과 기운과 원기의 맥락에 관한 얘기지만, 상식적으로 얼마든지 이해할 수 있는 얘기다. 가령 감정의

병든 몸을 건강한 몸으로 바꾸는
8가지 기공 비결

문제가 불거지면 육체의 에너지는 불안정하게 요동친다. 불안정한 에너지는 생리적으로 보았을 때, 신체의 호르몬과 신경을 어지럽히고 이로 몸의 방어력과 면역력을 떨어뜨린다. 쉽게 말해 불안과 우울과 분노 등의 감정이 커질 때, 당신의 호르몬에서는 스트레스 호르몬이 분비되고, 평화에 작용하는 옥시토신은 억제된다. 신경 면에서는 흥분을 관장하는 교감 신경이 활성화되고, 진정 작용을 하는 부교감 신경은 억제된다. 이러면 신체는 외부의 병균에 대한 저항력과 면역력이 크게 떨어지고, 물론 내부에서도 알게 모르게 세포의 변이가 생겨난다.

놀랍게도 기백은 이 점을 단지 육체에만 국한하지 않고 한 걸음 더 멀리 나아가 감정과 기운과 원기의 상관관계로 통찰했다. 한마디로 기운의 관점에서 감정을 한데 꿰뚫어 보았던 것이다. 어떻게 그는 보이지 않은 것에 대한 이토록 놀라운 통찰을 할 수 있었던 것일까.

당연히 '정좌'다. 그도 부단히 정좌를 통해 내부의 기운이 어떻게 변화하는지를 감지했을 것이다. 그러면서 감정이 기운을 좌충우돌하게 하고, 몸속의 기운을 소모하게 하며, 그로 원기에도 손상을 입힌다는 점을 알아냈을 것이다. 이에 반해 감정을 긍정이나 부정으로 가지 않게 하고 중립에 두면 내면의 중심에서 계속 원기가 증강돼 간다는 사실도 알아냈을 것이다. 분명 기백은 수십 년간 자기 안으로부터 이러한 탐색과 관찰과 발견을 통해 마침내 '감정의 정석'이라 할 수 있는 최고의 의학서 《황제내경》을 쓴 것이다.

당신도 정좌를 하면 기백과 같은 놀라운 내적 통찰력을 기를 수 있다. 이와 더불어 당신도 정좌를 하면, 기백이 말했듯 일생 동안 몸이 마치 견고한 성처럼 튼튼해져서 외부의 병은 아예 들어오지 못하고, 몸속에서도 병이 더는 생겨나지 않을 것이다. 정좌는 감정을 중립에 두고 기운을 몸 안팎으로 가득 차게 해서 당신을 외부와 내부의 병으로부터 철통 같이 안전하게 지켜 낼 것이다.

38

몇 분 동안 말없이
조용히 앉아 있을까요

인간의 불행은, 혼자서 편안하게 방 안에 머물러 있을 능력이 없다는 사실에서 비롯된다.
_ 블레즈 파스칼

"정좌는 어떻게 하는 건가요?"

나는 학생에게서 종종 이런 질문을 받곤 한다. 그때마다 나는 이렇게 대답한다.

"몇 분 동안 말없이 조용히 앉아 있으면 돼요."

이럴 때 내 대답을 들은 학생은 우문현답인지, 현문우답인지 모를 소리라는 아리송한 표정을 짓곤 한다. 당연히 그럴 수밖에 없다. 왜냐면 말없이 조용히 앉아 있는 걸 사람들은 도무지 못 견뎌하기 때문이다.

정좌는 몇 분 동안 말없이 조용히 앉아 있는 것이다. 당신은 하루 중 몇 분 동안이나 말없이 조용히 앉아 있는가? 텔레비전을 보거나, 유튜브를 시청하거나, 신문과 잡지나 책을 읽거나, 인터넷 서핑을 하지 않고 몇 분 동안 말없이 조용히 앉아 있는 시간을 가지는가? 다른 사람에

병든 몸을 건강한 몸으로 바꾸는
8가지 기공 비결

게 방해받지 않도록 핸드폰은 잠시 꺼 두고, 혹은 가족에게 방해를 받지 않게 방문을 걸어 잠그고 몇 분 동안 말없이 조용히 앉아 있는 일상의 시간을 갖고 있는가? 아마도 이에 대한 답은 "그렇지 않다."가 대다수일 것이다.

어쩌면 이것은 당신이 쉬려고 해도 쉴 수 없다는 것의 방증일 것이다. 뭔가를 하고 있어야만 당신은 안심이 된다. 그러니까 더 쉽게 말해, 당신의 두뇌는 흥분되어 있고 당신이 뭔가를 하도록 계속 종용해서 당신을 더더욱 흥분시키고 있다. "이 녀석 기특하게도 내가 원하는 대로 고분고분 잘 따르잖아.", "난 좀 더 재밌는 걸, 좀 더 흥분되는 걸 게걸스럽게 원하고 있거든." 두뇌는 이렇게 말하면서 속으로 쾌재를 부른다.

당신의 두뇌는 오감이라는 감각을 사용해서 자신을 흥분시키는 것을 24시간 계속 원하고 있다. 우리는 그 두뇌의 흥분을 위해 꼭두각시처럼 조종당하고 있다. 믿기 어렵지만, 이것은 본질적으로 보았을 때 틀림없는 사실이다.

당신의 두뇌는 항상 욕망한다. 더 자극적인 것을 원한다. 그런데 더 자극적이지 못하면 두뇌는 끊임없이 이것저것을 하도록 해서 당신을 결코 가만두지 않는다. "이봐, 텔레비전이나 유튜브 안 볼 거면 심심한데 그냥 이리저리 움직이기라도 하라고."

정좌는 이런 두뇌의 흥분과 욕망과 터무니없는 지시를 조용히 가라앉히는 일이다. 몇 분 동안 말없이 조용히 앉아 있는 것으로 그것은 가능해진다. 물론 처음에는 두뇌가 늘 해 오던 대로 하기를 당신에게 시도 때도 없이 마구 요구할 것이다. "너, 왜 안 하던 쓸데없는 짓을 하고 있어!"

정좌는 몇 분 동안 말없이 앉아서 당신의 몸과 마음과 두뇌를 길들이는 일이다. 맙소사! 길들인다고? 그렇다. 몸과 마음과 두뇌는 길들이지 않으면, 길길이 날뛰는 원숭이나 야생마와도 같이 제멋대로 군다. 솔직히 단도직입적으로 묻겠다. 당신은 당신의 몸과 마음과 두뇌의 주인인가, 하인인가? 실상은 몸이 원하는 것, 마음이 원하는 것, 그리고 두뇌가 원하는 것을 고분고분 다 들어주고 있지는 않은가.

우리는 몇 분 동안 말없이 조용히 앉아 있는 것으로 몸과 마음과 두뇌가 계속해서 요구하고 있는 것이 무엇인지를 통찰하게 된다. 이후 이 통찰이 더욱 깊어져 가면 갈수록 몸과 마음과 두뇌에 휘둘리지 않는 순간과 시간들도 함께 늘어난다. 그 결과, 몸과 마음과 두뇌가 요구하고 있는 것보다도 우리가 진정 원하는 것들에 초점을 맞추는 시간이 더 늘어나는 결실을 얻게 된다.

정좌는 이런 내적 통찰을 계속해서 길러 나가는 것이다. 그러려면 무엇보다도 몸을 몇 분 동안이라도 조용히 앉혀서 몸이 무엇을 당신에게 요구하고 지시하고 있는지, 그리고 마음과 두뇌가 당신을 통해 어떤 욕망을 좇으라고 말하고 있는지를 속속들이 들여다봐야 한다. 그렇지 않으면 늘 그렇듯 몸과 마음과 두뇌에 의해 당신은 조종되는 삶을 계속 살아나갈 것이다. 이건 정말 끔찍한 일인데도, 사람들은 그 끔찍

병든 몸을 건강한 몸으로 바꾸는
8가지 기공 비결

함을 전혀 알지 못하고 있다. (이 사실이 더 끔찍하다!)

하루 중 한때 시간을 내어 몇 분 동안이라도 말없이 조용히 앉아 당신의 몸과 마음과 두뇌를 들여다보라. 그러면 얼마 지나지 않아 몸과 마음과 두뇌가 조용해지고, 거기서 우리는 한 줄기의 빛과 같은 성찰과 통찰을 조우하게 될 것이다.

어릴 때 한 영적 단체에 의해 발탁돼 세계의 스승으로 키워진 크리슈나무르티는 이런 말을 했다.

"우리 몇 분 동안 말없이 조용히 앉아 있을까요?"

39

두 다리를
X 자로 교차하라

온 우주는 자연 스스로의 질서에 따라 모든 시간의 변화에 흐트러짐이 없고 어긋남이 없이 존재한다. _ 슈퍼리치 김승호

　그래도 몇 분 동안 말없이 조용히 앉아 있는 데 필요한 것은 분명 있다. 그냥 말없이 조용히 앉아 있는 것보다는 수많은 사람이 정좌에 대해 겪은 체험을 귀띔하고 참고해서 앉는다면 말없이 조용히 앉아 있는 동안 보다 더 풍성한 열매를 거두게 될 것이다. 그러니까 동일한 시간을 앉아 있더라도 여러 사람의 체험을 바탕으로 앉는다면 정좌의 시간 효율이 훨씬 더 높아질 것이 분명하다.

　말없이 조용히 앉아 있을 때는 두 다리를 쭉 뻗고 앉지 않는다. 두 다리를 X 자로 교차한다. 보통은 '아빠 다리' 혹은 '양반 다리'라고 하는 자세이다. (손에 대해선 다음 꼭지에서 곧 다루겠다.) 상체를 바르게 세우고, 머리는 상투를 틀어서 대들보 기둥에 매달아 놓은 것처럼 하며, 눈꺼풀은 커튼처럼 드리우고, 눈알은 드리운 눈꺼풀 뒤에서 수평으로 정면을 바라본다. 호흡은 편안하고 자연스럽게 쉰다. 숨을 일부

러 깊게, 길게, 고르게, 가늘게 쉬려고 애쓰지 않는다. 그렇게 하지 않아도 숨은 몸과 마음이 말없이 조용해지면 덩달아 쉬 죽은 듯이 조용해진다.

이렇게 몸을 전체적으로 조정하고 나서 몇 분 동안 말없이 조용히 앉아 있는다. 앉아서 아무것도 하지 않는다. 시간이 강물처럼 유유히 흐르도록 내버려 둔다. 몸과 마음과 두뇌가 시간의 강과 함께 흘러가도록 그저 내맡긴다.

당신은 정좌할 때 아무것도 할 필요가 없다. 자세만 취하고 나머지는 모두 자연에 내맡겨라. 당신의 생리와 심리와 신경의 작용들은 당신이 생각하는 것보다도 훨씬 더 놀라운 비밀을 무한히 감추고 있다. 당신이 아무것도 하려 들지 않을 때, 그 비밀의 문은 활짝 열린다. 앞서 말했듯이 의식이 하지 않으면 그 바통을 이어받아 잠재의식이 한다. 몸과 마음과 두뇌의 잠재된 힘이 방출되게 하려면, 내가 말한 이 핵심을 잘 기억하기 바란다. 정좌할 때는 당신이 할 것은 '아무것도' 없다. 무위이화(無爲而化), 아무것도 하지 않으면 모든 것이 저절로 이루어진다.

끝났다. 이것이 몇 분 동안 말없이 조용히 앉아 있는 것에 대한 여러 사람의 갖가지 체험을 한데 집약한 것이다.

두 다리를 X 자로 교차하는 것에 대해서만 딱 한마디 덧붙이고자 한다.

두 다리를 X 자로 교차하면 온몸의 혈액이 사지에서 심장으로 쉽게 돌아오게 하는 데 이롭다. 두 다리를 쭉 뻗지 않고 X 자로 교차하면, 인체의 상체와 하체 간의 거리가 줄어들면서 전신의 혈관의 부하와 에너지 소비가 그만큼 줄어들게 된다. 이와 동시에 혈액을 사지로 더 세게 내뿜고 다시 빨아들여야 하는 심장의 부담도 상대적으로 덜어지게 된다. 한마디로 사지의 말단 부분, 즉 먼 곳까지 혈액을 보내고 다시 가져와야 하는 심장의 노동이 줄고 이로써 심장이 편안해진다.

병든 몸을 건강한 몸으로 바꾸는
8가지 기공 비결

40

손을 가슴 앞에 '十' 자로 모은다

깊숙한 정신세계에서는 완벽히 동일한 차원에서 서로 연결되어 있는 셈이다.
_ 이노우에 히로유키

종교를 가진 사람뿐 아니라 종교를 가지지 않은 사람들조차도 마음 속으로 뭔가를 간절히 원할 때, 두 손을 가슴 앞에서 열 '十' 자로 모은다. 이상하게도 다들 무언의 약속이라도 한 듯이 열 십 자로 두 손을 가슴 앞에 단정히 모으고는 자신이 바라는 것을 미지의 대상을 향해 간절히 청원한다.

그냥 양손을 다리 양옆에 늘어뜨리거나 바지 주머니에 찔러 넣거나, 그도 아니면 팔짱을 끼고 손을 겨드랑이 사이에 두면 안 되는 걸까? 왜 굳이 사람들은 두 손을 가슴 앞에 모아 미지의 대상에게 기도를 하는 걸까? 왜?

이것은 대다수의 사람들에게 일상처럼 너무나도 당연하게 여겨져서, 아무도 관심을 기울이지 않은 것 중의 하나이다. 하지만 나는 아무도 관심을 기울이지 않는 것에 촉각을 곤두세우고는 특별한 관심을 기울인다. 그러고는 그 이유를 알아내기 위해 수년 내지 수십 년을 그 문제를 사냥개가 먹잇감을 문 것처럼 그 문제를 끈덕지게 물고 늘어진다.

그러다 수년 전에 타이완에서 구한 책 속에서 마침내 그 해답을 찾았다. 진실로 말하는데, 찾는 자가 찾게 된다.

오랫동안 수인(手印, 손의 특정한 자세를 통해 몸속의 기의 회로를 빠르게 여는 방법)만을 연구해 온 닥터 디팍 두만데의 《수인요법》에서다.

하나. 열 손가락을 서로 맞대면 몸속의 5개의 원소가 모두 증강된다.

둘. 두 손바닥을 서로 맞대면 에너지(氣)가 신체로부터 흘러 나가는 걸 막는다.

셋. 그 때문에 자연히 신체의 에너지가 몸속에서 불어나고 강해진다.

원더풀! 수많은 사람이 손바닥을 가슴 앞에서 '十' 자로 모아 미지의 대상을 향해서 기도를 드리는 이유는, 몸속의 원소와 에너지(氣)를 몸에서 몸 밖으로 새지 않게 해서 그 강화된 힘으로 미지의 대상에게 가 닿기 위해서였다.

정말 놀랍지 않은가. 수많은 사람은 아무도 가르쳐 주지 않았는데도, 어디에서도 배운 적이 없는데도, 몸속의 원소와 에너지의 유출을 막고 증강시켜서 그걸 이용해 오고 있다니 말이다. 인체는 그만큼 놀라운 지성과 지혜를 겸비한 하나의 유기체이다.

손을 가슴 앞에 '十' 자로 모으고 정좌를 하면, 인체의 에너지가 더는 몸 밖으로 새지 않고 계속해서 몸속에서 불어나고 강해진다. 분명 수천수만의 사람들이 증험한 이 놀라운 생명 현상은 앞으로도 영구불변한 인체의 오묘한 비밀로 계속해서 남아 있을 것이다.

제3장

비결 중의 비결,
내경일지선 마보참장

41
오래된 것에
힘이 있다

과거의 위대한 유산을 이용하는 일이 필수적인 요소가 될 것이다. _ 피터 드러커

'백화제방 백가쟁명(百花齊放 百家爭鳴).' 백 가지 꽃이 일제히 피어
나고 백 가지의 유파가 서로 공명을 다투었다.

1980년대 초, 중국에는 온갖 기공이 백여 가지 꽃이 일제히 피어나
듯 그야말로 도처에서 쏟아져 나오기 시작했다. 유가, 불가, 도가, 의
가, 무가 할 것 없이 저마다의 특징과 장점을 사람들에게 내세우면서
자신의 기공을 배우라고 선전했다. 개중에는 역사가 불과 20~30년도
채 안 된 신흥 기공들도 있었다. 회귀자연공, 대불공, 연화성광공, 중
화양생익지공, 중국자연공 등등.

이들 외에도 새로이 나타난 기공들은 적지 않았다. 이 기공들은 대
개 개인이 만든 것으로 역사가 오래되지 않았고, 그 증험도 확실치 않
았다. 1980년대부터 우후죽순처럼 쏟아져 나온 이런 기공들은 현재
그 자취를 눈곱만큼도 찾아볼 수가 없다.

병든 몸을 건강한 몸으로 바꾸는
8가지 기공 비결

중국에는 대략 만여 가지의 기공이 있다. 한 가지 기공을 완전히 터득하는 데는 짧게는 3년, 길게는 10년이란 시간이 소요된다. 이것도 어떤 때는 마음이 내키니까 열심히 하고, 어떤 때는 흥미를 잃어 안 하는 식으로 하는 게 아니라, 단 하루도 거르지 않고 기공을 단련했을 때 터득할 수 있다는 조건하에서이다.

그럼 딱 계산이 나온다. 한 가지 기공을 완전히 터득하려면 적어도 3년이 걸린다고 치면, 10가지 기공을 익히려면 30년, 100가지면 300년이며, 1,000가지면 3,000년이다. 맙소사! 만 가지를 익히려면, 그렇다, 절대로 불가능하다. 인간의 수명으론 이걸 전부 다 익힐 수가 없다. 그러니까 결론은, 가장 훌륭한 기공을 골라 그걸 집중적으로 몇 년씩 단련해야만 기공으로 어떤 성과를 낼 수가 있다는 것이다.

27년간 나는 중국을 동서남북으로 누비면서 중국에서 가장 뛰어난 상위권에 있는 기공들을 찾았다. 물론 상위권에 있는 기공들만 배우지는 않았다. 기공의 A, B, C를 사람들에게 알려 주기 위해선 기공을 기본, 응용, 심화 편으로, 즉 초급, 중급, 고급으로 나눌 필요가 있었다. 해서 중위권과 하위권에 속하는 기공들도 두루 섭렵했다. 무엇보다 여기서 대두된 문제는 내가 가진 시간과 돈에 한계가 있다는 점이었다.

늘 선택의 연속이었다. 일평생 모든 기공을 배울 수 없다면 상위권의 기공을 먼저 배우고 나서 중위권과 하위권의 기공을 곁가지로 익히는 수밖에는 없었다. 이것이 내가 중국 기공 유학 27년으로 터득한 기공의 취사선택 요령이다.

상위권의 기공을 선택해 사부를 찾아 기공을 배우면서 나는 한 가지 점을 명확히 깨달았다. 역사가 오래되지 않은 기공은 반짝하는 섬광처럼 나타났다가 이내 사라지지만, 역사가 오랜 기공은 영원히 꺼지지 않는 불꽃처럼 계속 활활 타오른다는 것이었다. 즉, 오래된 것에 영구한 힘이 있다는 것이었다.

확실히 개인이 단기간에 짜깁기한 기공보다 수백 년 내지 수천 년 동안 면면히 비밀리에 전승돼 온 기공을 하고 나면 힘이 몇 배로, 때로는 그 이상으로 불어나는 걸 확연히 느낄 수 있었다. 10년여 동안 이것저것 가리지 않고 공력을 늘려 보겠다고 국가대표 운동선수처럼 단 하루도 기공 단련을 게을리하지 않았던 대다수의 사람들이 상위권의 상승 기공을 1~2년 배우고 나서는 한입으로 말했다. "그동안 내가 뭘 한 거지?"

분명 오래된 것에 힘이 있다.

42

기공 비결 8 내경일지선
마보참장, 비결 중의 비결

무엇이 효과가 있었고 무엇이 효과가 없었는지 조사했다. _ 스티브 앤더슨

내가 27년간 중국에서 사방을 찾아다니면서 만난 기공 중에 단연코 상위권의 상위권에 해당하는 것은 바로 내경일지선의 '마보참장'이다. 이 마보참장은 단 몇 분만 서 있어도 이것이 어떤 뛰어난 효능을 가졌는지를 분명히 파악할 수 있다.

양발을 어깨너비로 11자로 벌리고 서서 양 무릎을 살짝 구부린 채, 양팔을 명치 높이에서 수평으로 나란히 들어 올린다. 이때 양손바닥은 아래를 향한다. 양손의 손가락은 자연스럽게 구부린다. 시선은 정면을 본다. 마보참장은 30분을 기본으로 선다.

이것이 내경일지선 마보참장의 요령 전부이다.

가장 단순한 것이 가장 훌륭한 것이다. 극히 단순한 이 마보참장의 자세에는 고대로부터 전해 내려온 비결들이 다수 감춰져 있다.

먼저, 손바닥에 대한 것이다. 손바닥은 손바닥을 어디로 향하느냐

에 따라 몸 안팎의 기운을 일정한 방향으로 이끈다. 가령 손바닥이 위를 향하면 몸 안팎의 기운이 위로 오르게 되고, 손바닥이 아래를 향하면 기운이 아래로 내려가게 된다. 손바닥으로 몸 밖에서 몸 안을 비추면 몸 안으로 기운이 흐르고, 손바닥으로 몸 밖을 비추면 몸 밖으로 기운이 흐른다. 즉, 손바닥은 기운의 흐름을 결정짓는 방향타와도 같다.

따라서 마보참장에서 손바닥을 아래로 향하는 것은 머리 위에 몰려 있던 기운을 하체로 내려 인체 생명의 뿌리가 되는 다리에 기운을 충실하게 채우는 것이다. 거대한 나무는 그 뿌리가 매우 깊고 굵고 크다. 그처럼 손바닥으로 이끈 기운이 계속해서 양다리를 채우면, 양다리는 거대한 나무의 깊은 뿌리처럼 매우 튼실해진다. 정말로 기운이 다리로 내려가는지 안 내려가는지를 알아보는 간단한 실험이 있다.

손바닥을 위로 향하고 마보참장을 30분 동안 서 보라. 그러고는 이와는 반대로 손바닥을 아래로 향하고 마보참장을 30분 동안 서 보라. 이 간단한 비교로 손바닥이 몸 안팎의 기운의 흐름과 이동을 만들어 내는 데 얼마나 중대한 역할을 하고 있는지를 금세 깨달을 수 있을 것이다. 똑같이 30분을 하더라도 전자보다 후자로 마보참장을 할 때, 머리가 훨씬 더 빠르게 개운해지고 다리에 기운이 부쩍 차오르는 걸 느낄 수 있다. 이 둘의 차이는 무척 극명하다.

현재 내가 기연구소에서 지도하는 학생 중에는 손바닥을 가슴 앞에서 항아리처럼 안고 있는, 이른바 포구장(抱球椿, 가슴 앞에 큰 공을 감싸 안고 있는 듯한 참장)을 8개월 정도 수련한 학생이 있다. 그는 자

병든 몸을 건강한 몸으로 바꾸는
8가지 기공 비결

신이 수년째 앓고 있는 극심한 두통을 없애고자 한 기공 선생을 찾아가 그에게서 포구장을 배웠다. 물론 그 기공 선생을 찾아가기 전에 인터넷으로 여러 조사를 면밀히 했고, 직접 수련 단체에 찾아가 수차례 상담을 받기도 했다. 어떤 수련 단체에서는 병을 고쳐 주겠다고 몇백만 원에 이르는 큰돈을 요구했다. 자칫 잘못하다간 병을 빌미로 사기당하기 십상이었다. 마침내 정직하다고 생각되는 기공 선생을 찾아냈다.

결과부터 말하면, 8개월 동안 그 기공 선생에게서 포구장을 수련했지만, 그의 두통은 전혀 나아지지 않았다. 오히려 인체의 구조와 맞지 않는 무리한 동작을 선생이 종용하는 바람에 골반이 비뚤어지고, 급기야 오른 무릎도 휘어 통증이 오기 시작했다. 두통을 떼려다 되레 병만 더 늘었다. 8개월 동안 포구장을 닦고도 두통에 아무런 차도가 없자, 그는 포구장이 자기에게 맞지 않는다는 걸 체감했다. 자신이 굳게 믿었던 선생에게 큰 실망감을 느꼈다. 기공 선생을 떠났다. 다시 인터넷을 뒤져 나를 찾아왔다.

이따금 기연구소에 포구장의 부작용을 겪고 있는 사람들이 찾아오곤 하는데, 그들은 대부분 심장에 이상이 있는 경우가 많다. 타고나길 심장을 약하게 타고난 사람들이다. 이런 사람들이 포구장을 하면 손바닥이 심장을 향하기 때문에 심장 쪽에 기의 압력이 높아지게 된다. 따라서 심장 쪽에서 위로 치받는 기운이 더 왕성해지면서 머리의 압력도 동시에 높아진다. 즉, 두통을 낮게 하려고 했던 참장이 오히려 두통을 더욱 부추기는 꼴이 되고 만다. 포구장을 거듭할수록 이 기압이 높아지는 현상은 계속된다. 상기증, 두통, 심장질환 등을 겪고 있는 사람들은 이 점을 분명히 인식하고 참장을 신중히 선택해야 한다. 아무 참장이나 무작정 열심히 수련한다고 해서 당신이 원하는 결과를 얻지는 못한다.

극심한 두통을 수년째 앓아 온 그 학생은 내경일지선 마보참장을 한 지 두 달여 만에 두통이 호전되는 걸 느꼈다.

그가 말했다.

"저 두 달만 더 단련하면 완전히 나을 것 같아요."

자기에게 맞는 참장을 올바로 선택하고 해 나가야 그에 상응하는 결과가 뒤따른다.

아주 작은 차이가 큰 격차를 만들어 내는 법이다. 나는 내경일지선 19대 장문인 궐교생에게서 마보참장을 배우기 시작한 첫날부터 의심할 여지없이, 이 마보참장이 내가 배웠던 기공들 중에서 가장 뛰어난 비결 중의 비결이라는 걸 대번에 알아보았다. 방금 설명한 손의 방향만 놓고 봤을 때도 여느 참장과 비교해도 그 내재된 원리가 아주 명백했다.

병든 몸을 건강한 몸으로 바꾸는
8가지 기공 비결

43

궐아수, 내경일지선을
세상에 공개한 일등 공로자

무엇을 보느냐에 따라 자신의 참모습이 드러나고 진정한 이름이 주어진다. _ 크리스티앙 보뱅

내경일지선은 중국 소림사에서 유래했다. 구전에 따르면, 달마가 그 창시자라고 전한다. 달마 때부터 소림사에서 비전으로 전수되어 소림사의 승려들만 내경일지선을 익힐 수 있었다.

그렇다고 해서 소림사의 모든 승려가 내경일지선을 익힌 것은 아니었다. 오직 자질과 성품이 모두 갖춰진 우수한 한두 사람에게만 전수됐다. 그렇게 극소수에게 전수돼 오던 비전 중의 비전이 18대 장문인 궐아수(闕阿水, 1919~1982)에 의해 세상 밖으로 나오게 됐다.

농부 집안에서 태어난 궐아수는 어릴 적 대단히 빈곤했다. 집안 형편이 어려워지자 가족들은 그를 절에 보냈다. 그는 부득이 승려가 되었고, 복건 소림사의 선사 두순표를 은사로 절 생활을 시작했다.

궐아수는 사부 두순표에게서 승려로서의 기본예절과 법도, 소양 등을 배우면서 동시에 극히 엄격한 수행과 고행을 병행했다. 그러면서

병든 몸을 건강한 몸으로 바꾸는
8가지 기공 비결

소림사의 여러 절기를 한 몸에 익혔다. 게다가 두순표의 사부였던 두신표, 그리고 사조였던 두연표의 지도까지 받았다. 그들은 자신들이 일생 동안 각고의 노력으로 쌓은 수행 경험과 깨달음을 궐아수에게 모두 전해 주었다.

두순표 사부가 87세가 되던 해, 어느 날 밤이었다. 두 사부는 궐아수를 뒤뜰로 조용히 불렀다. 연꽃이 활짝 피어난 뒤뜰의 화원에서 두 사부는 궐아수에게 내경일지선의 모든 비결을 전수해 주었다. 그러고는 얼마 후 사부는 원적했다.

궐아수는 18세가 될 무렵 환속했다. 가정을 꾸렸고, 자신이 내경일지선의 비결을 익혔다는 사실을 숨긴 채 상하이에서 환경미화원으로 일했다. 하지만 비결 중의 비결인 내경일지선이 자신의 대에서 그 맥이 끊겨 버린다고 생각하니 아쉬움을 금할 수가 없었다. 당시 불가에서는 사부에게서 전수받은 비결을 절대로 외부에 공개해서는 안 된다는 엄격한 계율이 시행되고 있었다. 그러니까 그 비결을 함부로 외부에 발설할 수가 없었다.

그러나 궐아수는 이제 시대가 달라졌다고 느꼈다. 1960년대 초, 중국 당 정부의 정책에 변화가 있었다. 개혁과 개방의 바람이 불고 있었다. 그때 궐아수는 내경일지선을 세상에 공개하기로 결심했다.

그는 수백 년 동안 굳게 닫혀 있던 문호를 대대적으로 개방하여 제자들을 모집했고, 강습반을 열어 학생들을 지도했다. 통계에 따르면, 1960년대부터 보급되기 시작한 내경일지선은 불과 20여 년 만에 그 수련 인구가 300만 명에 육박했다. 현재는 한국, 일본, 미국, 영국, 캐나다, 말레이시아 등으로 퍼져 나가 전 세계의 수천만 명이 내경일지선을 하고 있다. 참고로 현재 말레이시아에선 약 30만 명이 내경일지선을 익히고 있다.

이렇게 전 세계의 수천만 명의 사람들이 내경일지선을 단련하는 이유는 바로 내경일지선을 통해 상당히 오랜 시간 동안 낫지 않던 자신들의 질병이 아무 부작용 없이 속속 치유되고 건강을 빠르게 회복했기 때문이다. 게다가 공력도 여느 공법에 비해 훨씬 더 빠르게 증강됐기 때문이다.

궐아수는 내경일지선으로 닦은 공력을 결코 자신만을 위해 쓰지는 않았다. 대중들의 병을 치료하고 건강을 회복하는 데 썼다. 내경일지선의 절기 중 '도인포기(導引布氣)'란 것이 있다. 이는 기공사가 각고의 훈련을 거쳐서 두텁고 깊게 쌓은 내공을 자기장의 형태로 환자에게 펼쳐 내 환자의 병 치료를 돕는 것을 말한다.

특히 도인포기는 접골, 즉 뼈를 붙게 하는 데 탁월한 효능이 있다. 궐아수는 생전에 도인포기를 사용해 뼈가 부러진 사람들의 뼈를 신속하게 붙여 주곤 했다. 석고를 쓰지 않고, 뼈에 어떤 부목도 대지 않고도 매우 빠르게 정상적인 생활을 할 수 있도록 치료를 도왔다. 병원에서 의사가 몇 개월 걸려도 붙지 않을 거라고 진단한 뼈가 불과 며칠 만에 거짓말처럼 붙은 사례도 이루 셀 수 없이 많다.

이 밖에도 내경일지선과 도인포기는 각종 만성질환뿐 아니라, 하지

마비, 강직성 척추염, 삼차신경통 등의 난치병에도 뚜렷한 효과가 있다.

 퀄아수는 내경일지선으로 쌓은 필생의 공력을 대중들의 병 치료와 건강 증진에 씀으로써 내경일지선이 사회에 크게 공헌할 수 있다는 것을 몸소 보여 주었다.

44

마보참장은
모든 참장의 원천과 같다

우리에겐 항상 데이원(Day 1, 창업 첫날의 초심을 잃지 말자는 베조스의 철학이 담긴 말)입니다.
_ 제프 베조스

    현재 내경일지선은 궐아수의 장남인 궐교생(闕巧生)이 계승하고 있
다. 궐교생은 내경일지선 19대 장문인으로, 아버지 궐아수를 따라 8세
때부터 내경일지선을 단련했다. 1952년생인 그는 60년을 하루같이 내
경일지선을 닦아 오고 있다. 놀랍게도 그는 지금도 여전히 하루도 거
르지 않고 매일 오전부터 오후까지 총 5~6시간을 내경일지선을 단련
한다. (이걸 옆에서 두 눈으로 직접 보고 있으면 입이 딱 벌어진다.)

    나는 한국인 최초로 내경일지선 19대 장문인 궐교생의 입실 제자가
되었다. 또한 내경일지선을 꾸준히 닦아 궐 장문인의 인가를 받고, 중
국내경일지선 협회에서 내경일지선 교사 자격증을 땄다. 이것도 한국
인으로선 최초이다. 내경일지선 교사는 한국, 일본, 미국, 영국, 캐나
다, 베트남, 우크라이나 등 전 세계를 통틀어 스무 명 안팎이다. 교사
는 수년간 내경일지선의 각고의 훈련을 거쳐야 하며, 또한 그 자질과

병든 몸을 건강한 몸으로 바꾸는
8가지 기공 비결

성품이 증명된 사람에게 그 자격이 부여된다.

나는 궐교생 장문인처럼 수십 년을 하루같이 내경일지선을 단련해 환갑이 되었을 때, 수백 수천 명의 제자가 전 세계에 퍼져 있기를 바라고 있다. 그러려면 무엇보다 매일 내경일지선 단련을 결코 게을리할 수가 없다. 그 구체적인 실천 방법으로 내경일지선 중에서 가장 핵심이 되는 마보참장을 단 하루도 빠짐없이 단련한다.

내경일지선은 초급과 중급과 고급 공법, 모두 3부로 나뉘어 있다. 이 3부의 공법에는 각각 서로 다른 손과 다리의 동작이 포함돼 있는데, 이 동작들은 각기 다른 작용을 일으켜 경락을 빠르게 소통시키고 공력을 급속도로 상승시킨다. 초급공을 할 때보다 중급공을 할 때, 중급공을 할 때보다 고급공을 할 때, 그 공력의 증가 속도는 배가 된다.

이렇게 공력이 빠르게 배가 되는 공법의 가장 핵심이 되는 기초이자 근간은 바로 '마보참장'이다. 말하자면, 마보참장은 내경일지선에서 닦는 모든 참장의 원천과도 같다.

초급공을 할 때에도 반드시 마보참장을 기초로 닦으며, 중급공과 고급공에서도 마찬가지이다.

왜 마보참장은 내경일지선의 모든 참장의 원천이 되는 것일까. 이 글을 집필하고 있을 때, 때마침 공교롭게도 궐교생 장문인에게서 위챗(Wechat, 중국 카톡)이 왔다.

45

기충병조(氣冲病灶),
기가 충돌해 병든 곳을 씻어 낸다

고통의 시간이 우리를 다시 살아나게 했습니다. _《베조스 레터》중에서

"이 자료는 네게 도움이 될 것이다."

궐교생 장문인이 위챗에서 이렇게 말했다.

정말 신기했다. 내가 지금 내경일지선에 대한 글을 쓰고 있는지를 그가 어떻게 알았는지 아주 적절한 때에 딱 맞는 자료를 보내 주었다. 특히나 마보참장의 효능이 기술된 부분이 그랬다.

중국어로 된 전문은 다음과 같다.

기혈의 운행이 순조롭지 않으면, 인체는 붓고 아프고 저리고 시큰거리고 딱딱하게 굳어 가는 감각들이 나타난다. 이것은 이른바 "통하지 않으면 아프고, 통하면 아프지 않다."라는 말에 담긴 의미이다.

내경일지선의 마보참장은 이처럼 몸속 기관의 기운이 막히고 피가 잘 통하지 않는 부분을 스스로 찾아내 뚫어 준다. 관건은 오랜 시간 꼼

병든 몸을 건강한 몸으로 바꾸는
8가지 기공 비결

짝하지 않고 서 있는 것이다. 이는 능히 온몸의 혈액으로 기혈을 빠르게 순환시켜 기와 혈이 엉겨 있는 곳에 가 충돌하게 하여 통증을 발생시킨다. 말하자면, 마보참장에서 나타나는 통증은 기혈이 엉긴 곳으로 가 부딪혀 그곳을 치료하고 있는 것이다.

사실 마보참장은 원기를 보충해 인체에 기의 압력을 높여 주는 것이다. 이것은 내부로 향하는 일종의 '충격력'과도 같다. 기의 압력이 충분하면 인체의 기혈은 막힘없이 흐르게 되며, 인체 스스로를 치료할 수 있는 잠재 능력도 더불어 증강된다. 이로 인체에 있던 불편한 증상들이 자연스레 사라지게 된다.

요컨대 마보참장은 정지한 상태에서 온몸의 기운을 증강시켜 그 기운으로 막힌 경락을 뚫어 주고, 기혈을 조화롭게 하며, 음과 양의 기운이 교류하게 하고, 신진대사를 촉진하며, 세포의 기능을 증강시켜 생명을 더욱 건강하고 장수케 한다.

마보참장을 몇 분 혹은 몇 시간씩 서면 기감이 증강하는데, 이때 인체의 어떤 부위나 경락이 아프기 시작할 때가 있다. 이건 인체의 얕은 층과 깊은 층에 있던, 즉 기혈이 엉긴 곳에서 병이 밖으로 드러나기 때문이다. 이를테면 마보참장을 하면 목, 어깨, 허리 등이 아프기 시작한다. 또는 가슴 통증이나 기관지 통증, 위장이나 간의 통증이 나타난다. 이런 통증들은 마보참장으로 인해 인체 내에서 발견되지 않았던 질병들이 각기 다른 정도로 반응하고 나타나는 것이다. 모두 정상적인 현상이다.

그러나 어떤 환자는 이런 반응이 올 때, 그만 마보참장을 포기하고 만다. 이건 흡사 자신의 잠재적인 질병들과 평화적으로 손을 잡는 것과 같다. 비록 당장은 편해질지 몰라도, 장래에는 큰 병으로 발전하거나 악화될 가능성이 대단히 크다. 이때 어떤 선택을 할지는 오로지 병자에게 달려 있다.

이런 통증과 관련된 반응들은 병을 몸 밖으로 내보내는 반응이다. 어떤 때는 그 반응이 가벼울 때도 있고, 어떤 때는 심할 때도 있다. 어떤 때는 반응 시간이 짧을 때도 있고, 어떤 때는 길 때도 있다. 몇 주 혹은 몇 달에 걸쳐 주기적으로 반복될 때도 있다. 질병이 내장과 골수까지 깊이 파고든 병자의 경우는 그 반응 기간이 훨씬 더 길다.

병이 깊은 만큼 병을 치료하는 데도 시간이 걸린다. 종종 어떤 사람은 골수와 뼈에 있는 질병이 심각한 피부병으로 나타나곤 하는데, 대부분은 이를 피부병으로 오인한다. 사실은 그렇지 않은데도 말이다.

요컨대 마보참장을 꾸준히 해나가면 어떤 반응을 막론하고 얼마나 자주 반응이 나타나건 간에 상관없이 종국에 가서는 병은 차츰 사라질 것이다. 지속하는 것이 승리하는 것이다.

'기충병조(氣冲病灶)'란 기공 용어가 있다. 이 말은 '기운이 병든 곳에 가 부딪혀 그곳을 씻어 낸다.'라는 뜻이다. 마보참장을 서면 원기가 계속 쌓여가고 강해지는데, 이렇게 축적된 강한 기운은 알아서 병든 곳을 찾아간다. 그러고는 흡사 대소변이 담겨 있는 변기의 물을 손잡

이를 당겨 확 씻어 내리듯이 축적된 강한 기운은 병든 곳을 시원스레 씻어 낸다.

중국 공항이나 공공 화장실에 가면, 화장실 벽면에 '충세(沖洗)'라는 글자가 쓰여 있는 것을 종종 볼 수 있다. 이는 용변을 본 뒤 물을 내려 씻으라는 뜻이다. 말하자면, 우리는 마보참장을 통해 부단히 쌓은 기운으로 우리의 병든 곳과 막힌 곳을 마치 변기에 물을 내리듯(沖) 깨끗하게 씻어 낼(洗) 수 있다.

무엇보다 병 치료의 기본 중의 기본은 통하지 않는 것을, 즉 막힌 것을 뚫는 것이다. 그런 의미에서 놓고 보면, 마보참장으로 내적인 기운을 계속해서 쌓아 나간다면 그 뚫는 힘이 더욱 강해질 것이며, 그 결과 우리는 우리 스스로의 병든 곳을 아주 깨끗하게 씻어 낼 수 있을 것이다.

하지만 당신은 조금 단단히 각오를 다져야 한다. 궐 장문인이 보내 준 자료의 마지막 문장에서도 강조했듯이 '지속하는 것만이 승리하는 것'이기 때문이다. 마보참장을 할 때 통증이 나타나더라도 그건 기운이 병든 곳에 충돌해 병든 곳을 씻어 내고 있는 반응이란 사실을 기억해 내야 한다. 그와 동시에 마보참장을 단 하루도 빠짐없이 지속해 나가야 한다.

궐 장문인이 내게 보내 준 자료는 이게 전부가 아니다. 더 남아 있다. 일단 마보참장으로 생겨나는 기충병조의 현상을 다뤘다. 적어도 마보참장으로 생겨나는 통증에 대한 두려움에 어떻게 대처해야 하는지를 미리 알아 둘 필요가 있기 때문이다. 그래야 마보참장을 지속시켜 나가는 데 방해가 되는 요인을 없앨 수 있다. 두려움은 으레 포기를 낳기 마련이다.

　이렇듯 적절한 때에 마보참장에 관련된 자료를 보내 준 사부 궐교생에게 미리 지면을 빌어 감사의 말을 전하고 싶다. "감은사부(感恩師父).", "사부의 가르침과 은혜에 심심한 감사를 드립니다!"

병든 몸을 건강한 몸으로 바꾸는
8가지 기공 비결

46

마보참장으로
건강을 찾아라

새로운 것을 얻거나 새로운 삶을 살고 싶으면 내가 바꿀 수 있는 것이 무엇인지 살펴보고 그것을
바꾸기로 결심하고 행동하면 된다. 그래도 안 된다면 무엇을 더 바꿔야 되는지 고민해야 한다.
_ 슈퍼리치 김승호

당신은 지금 어떤 건강상의 문제를 갖고 있는가? 고혈압, 우울증, 신
경쇠약, 불면증, 피부병, 심장병, 이명, 목디스크, 요통, 비염, 기관지
염, 갑상선기능항진, 신장병, 폐결핵, 폐렴, 관절염, 좌골신경통, 당뇨
병, 하지 부종 등등. 이들 중에 단 한 가지라도 갖고 있지 않다면 정말
로 천만다행이다. 진심으로 바라고 바라건대, 나는 당신이 이상의 질
병들에서 자유롭기를 간절히 원한다. 만약 이런 질병들을 당신이 갖고
있다면, 주위 사람들처럼 병원의 의사나 약이나 보조 식품에만 의존하
지 말고 스스로의 자구책으로 마보참장을 하길 적극적으로 권한다.

이제껏 나는 수많은 병자를 만나 그들의 병 치료를 도왔다. 이 같은
상담과 치료 과정 중에서 조금이라도 더 빠르게 그들의 건강을 회복시
키고자 매일 기공 연구를 게을리하지 않았다. 물론 나 자신의 공력을
쌓아 가는 훈련도 결코 게을리하지 않았다. 한마디로, 치열하게 연구

하고 사색하고 훈련했다.

하지만 개인이 가진 질병들의 치료 방법은 개인의 수만큼 있다고 해도 과언이 아니다. 모두 저마다 자라 온 환경과 먹는 음식이 다르고, 성격이 다르며, 체질도 다르고, 기질도 제각각이기 때문이다. 게다가 매일의 생활 습관도 다르다. 나는 항상 이런 사람들을 만나 오면서 "이들 모두에게 두루 적용될 만한 가장 효과적인 기공 비결은 무엇일까?"를 놓고 늘 찾고 고민했다. 30년 동안의 기공 연구와 각고의 훈련을 종합해 내린 그 결론은, 다름 아닌 내경일지선의 '마보참장'이다.

병자들은 매우 다양한 사람들이 있지만, 그들의 인체가 낫는 공통된 원리는 지극히 간단하다. 기혈이 경락을 통하지 않으면 병들고, 기혈이 경락을 통하면 건강하다는 것이다.

마보참장은 경락을 통하게 하는 데 가장 효능이 뛰어나다. 이는 한두 사람만이 경험한 것이 아니다. 수백 수천만 명의 사람들이 똑같이 경험한 것이다. 그들은 서로 병이 낫는 과정과 결과와 감회를 공유하면서 내경일지선의 마보참장이 고대로부터 전해 내려온 불변의 치료비결임을 몸소 증명했다. 이런 개인들의 증명은 주변으로 일파만파 퍼져 나갔고, 내경일지선의 확산에 큰 역할을 했다. 지금 이 순간에도 내경일지선은 이런 사람들에 의해 계속해서 확산되고 있다.

중국 속어에는 이런 말이 있다.

"불변하는 것으로써 만 가지 변화에 대응한다."

내경일지선 마보참장은 만 가지 질병에 대응할 수 있는 비결 중의 비결이다. 물론 마보참장이 만병통치약은 아니라는 점을 미리 밝혀 둔다. 그러나 그 효능만큼은 정말이지 눈으로 보고도 믿을 수 없을 정도로 탁월하다.

47

마보참장 사례 1 강직성 척추염
- 낫고 싶다, 낫고 싶다, 반드시 낫고 싶다!

가장 큰 힘은 절박성이다. _ 고경태

내경일지선 19대 장문인 궐교생에게 직접 내경일지선을 배우고자 중국 전역 각지에서 사람들이 연일 몰려들고 있다. 이는 모두 내경일지선 장문인의 장녀인 궐리평(闕莉萍)이 아버지 궐교생에게 "지금은 바야흐로 인터넷 시대다, 인터넷에 수강생 모집 광고를 내야 한다."라고 강력히 주장한 덕분이다. 만일 그녀가 아니었다면 나도 장문인이 제자를 모아 내경일지선을 전수한다는 것을 전혀 알지 못했을 것이다.

지금도 인터넷 모집 광고 덕에 장문인에게 사람들이 연일 찾아오고 있다. 신강성 위구르에서 온 회계사 부부 내외, 대학생 연인 한 쌍, 교직에 몸담고 있다가 얼마 전 은퇴한 아버지와 함께 찾아온 젊은 서예가, 중국 내에서 베스트셀러 작가로 유명한 80대 고령의 노인, 만성병과 난치병을 수십 년째 앓아 왔지만 현대 의학으론 도저히 고칠 수 없는 사람들 등등.

병든 몸을 건강한 몸으로 바꾸는
8가지 기공 비결

나는 내경일지선 장문인에게서 내경일지선을 배우며 동시에 이런 사람들을 만났다. 그리고 그들이 겪고 있는 다양한 신체 병력과 치료 과정 등을 자연스레 낱낱이 듣게 됐다. 장문인 옆에서 단련을 하고 있다 보면 장문인과 그들이 주고받는 얘기를 자연히 듣는다.

대다수의 사람들이 기공에 첫발을 들이게 되는 이유는 다름 아닌 병 때문이다. 비만, 고혈압, 당뇨, 상기증, 두통, 우울증, 수족냉증, 무릎관절 통증, 요통, 강직성 척추염, 삼차신경통, 암 등등. 해서 내경일지선 수련장은 흡사 온갖 병의 군상을 한데 모아 놓은 종합병원을 방불케 한다.

27년 동안 중국을 오가면서 다수의 기공들을 익혔지만, 그리고 기공을 익히면서 수련장에서 수많은 사람을 만나 왔지만, 나는 여태껏 강직성 척추염을 수십 년째 앓아 온 사람을 만나 본 적이 없었다. 일부러 그런 사람을 만나러 병원을 돌아다니지 않는 한, 내 주변에서 그런 병자를 쉽게 볼 수는 없었다. 이런 병증은 흔하지 않았다.

수련장에서 내경일지선을 한창 단련하고 있던 어느 날이었다.

수십 년간 강직성 척추염을 앓아 온 40대 후반의 남자가 장문인을 찾아왔다. 그는 천년 고도인 서안(西安)의 변두리에서 왔다고 했다. 성은 왕 씨였다.

왕 씨는 중학생이었을 때, 우연히 기공사 왕서정(王瑞亭, 내경일지선 18대 장문인 쿵아수의 제자)의 책을 보고는 독학으로 내경일지선 마보참장을 익혔다. 마보참장을 익힌 건 순전히 자신의 강직성 척추염을 치료하기 위해서였다.

강직성 척추염은 척추에 염증이 생겨 척추가 점점 딱딱하게 굳어 가는 질병이다. 보통 20대에 발병하는데, 그 진행 속도가 빠르면 20대 후반쯤 되었을 때 척추가 나무토막처럼 딱딱하게 굳어 흡사 척추가 70~80대의 꼬부랑 할아버지처럼 완전히 굽어 버린다. 최악의 경우 혼자서는 몸통을 좌우로 틀거나 몸을 일으키는 것조차 누군가의 도움 없이는 불가능하게 된다. 한마디로, 불구자가 되는 것이다.

그는 책에서 본 마보참장을 단 하루도 빠짐없이 단련했다. 단련하고 있으면 나무토막같이 뻣뻣하던 척추가 어느새 부드러워지기 시작했고, 거북이처럼 앞으로 튀어나온 머리도 조금씩 뒤로 물러나는 느낌이 들었다(실제로 물러났다.). 마보참장은 강직성 척추염의 약보다도 효과가 나았다. 해서 지금껏 마보참장을 결코 손에서 놓을 수가 없었다.

왕 씨가 처음 강직성 척추염을 발견한 것은 초등학교 때였다. 처음에는 좀 무리해서 그냥 허리가 뻣뻣해지는 것이라고 여겼다. 하지만 하루가 다르게 상체가 자꾸만 앞으로 기울었다. 허리를 똑바로 펴고 있기가 매우 힘들었다. 그는 두려웠다. '이러다가 정말로 척추가 딱딱해지고 완전히 굽어 버려서 꼬부랑 할아버지처럼 땅만 쳐다보며 살아가야 하면 어떡하지.'

부모는 아들의 병이 심상치 않다는 걸 뒤늦게야 눈치채고는 부랴부랴 그를 병원에 데리고 갔다. 의사는 진단했다. "아드님은 강직성 척추염입니다." 그야말로 청천벽력 같은 소리였다. 눈앞이 캄캄했다.

당시 왕 씨의 아버지는 공장에서 일하고 있는 일용직 노동자였다. 한 달 월급이래 봤자 고작 20~30만 원이 전부였다. 집안에 모아 둔 돈도 없었다. 하지만 강직성 척추염의 한 달 약값은 그의 월급의 5~6배를 넘었다.

하는 수 없이 아버지는 친지와 지인들에게 빚을 졌다. 어떻게든 아들의 약값을 대야만 했다. 몇 년 동안 이렇게 하자 빚은 산더미처럼 불어났다. 하지만 약을 먹지 않으면 먹지 않는 만큼 눈에 띄게 아들의 척추는 딱딱하게 굽어 갔다. 결국에는 온 집안이 아들의 병마와 함께 빚더미에 들어앉게 되었다.

이 모든 걸 직접 겪는 사람의 심정은 어떨까. 병을 앓는 것도 넌덜머리나게 지긋지긋하지만, 그보다 산더미처럼 불어만 가는 집안의 빚은 그에게 있어 부모에게 불효를 하고 있다는 참담한 심정을 느끼게 했다. 이때 자칫 잘못 생각하면 스스로 목숨을 끊는 것이 부모의 무거운 짐을 조금이나마 더는 것이라고 여겼을지도 모른다. 천만다행인 것은 그는 어떻게든 자신의 병을 스스로 시도해 볼 수 있는 모든 방법을 동원해 치료해 보겠다고 결심했다는 것이다. 그는 매일매일 마음속으로 이렇게 간절히 염원했다.

"낫고 싶다, 낫고 싶다, 반드시 낫고 싶다!"

앞에서 이야기했듯, 그는 중학생 때 우연히 집안의 책상 위에 놓여 있던 왕서정의 책을 봤다. 바로 《내경일지선》이었다. 아버지가 어디에서 구해 온 것이었다. 책에는 내경일지선 마보참장이 소개돼 있었고, 마보참장으로 병을 고친 여러 사례도 나와 있었다. 그는 마보참장이 병 치료에 그렇게 효과가 있는 것이라면 한번 해 볼 만하다고 생각했다. 어차피 강직성 척추염 약만 먹어서는 자신의 병이 나을 수 없다는 건 진작 알고 있었다. 약은 다만 척추의 염증을 억누를 뿐 염증을 뿌리째 없애지는 못했다. 책에 적힌 대로 그는 마보참장을 따라 했다.

결과는 놀라웠다. 강직성 척추염이 더는 진행되지 않았다. 왕 씨는 중학생 때부터 시작해서 20대와 30대를 거쳐 40대까지 병원에서 타 먹는 약은 최소한으로 줄이고, 대신 마보참장을 꾸준히 했다. 우연히 접한 마보참장이 수십 년 동안 자신의 병을 억제할 수 있으리라고는 상상조차 하지 못했다. 그는 수십 년의 체험을 통해 마보참장의 효능을 확신했다. 하지만 혼자서 마보참장을 계속하는 것만으로는 자신의 병이 진행되는 걸 조금 늦출 수는 있어도 근본적으로 치료하는 대책은 될 수 없다는 걸 절감했다. 마보참장을 제대로 배워 보고 싶다는 열망이 마음 한편에서 계속 자라났다. 그러니까 결론은, 내경일지선 사부를 찾아야 한다는 것이었다.

인생에는 고난이 올 때도 있고 행운이 올 때도 있다. 40대 후반이 된 자신에게 어느 날 뜻밖의 행운이 찾아왔다. 인터넷에서 내경일지선 19대 장문인이 제자를 모집한다는 광고를 본 것이다. 또한, 장문인 자신이 평생 갈고닦은 내경일지선의 비전을 직접 전수한다는 내용도 있었다. 두 번 생각해 볼 필요도 없었다.

즉시 인터넷에 나와 있는 연락처로 전화를 걸어 장문인을 찾아왔다.

병든 몸을 건강한 몸으로 바꾸는
8가지 기공 비결

'반드시 낫고 싶다.'라는 그의 오랜 간절한 염원이 마침내 실현되는 순간이었다.

왕 씨는 궐교생 장문인에게서 그간 혼자 익혔던 마보참장의 자세와 방법과 원리를 교정받고 다시금 마보참장을 익혔다. 이로써 보다 더 상승되고 고양되는 경험을 했다.

간절히 찾는 자에게 길은 열리는 법이다. 그리고 책으로만 기공 비결을 찾아 익힌다고 해서 병이 다 낫는 게 아니다. 반드시 오랜 경험을 갈고닦아 온 전문 지도자나 사부에게서 올바로 지도를 받아야만 그에 상응한 효과를 거둘 수 있다.

왕 씨는 장문인에게서 마보참장을 익히고 자신의 집으로 돌아가 마보참장을 더욱 열심히 수련했다. 그리고 매년 장문인을 찾아와 그간 경험한 신체와 정신의 변화를 장문인에게 알리고 점검받았다.

나는 내경일지선 수련장에서 가끔 그를 본다. 그를 보면 맨 처음 그의 척추를 눈여겨본다. 매년 눈에 띄게 곧아져 가는 그의 척추를 보면 그저 놀라울 뿐이다. 병에서 낫고자 하는 강한 의지가 사람을 저렇게 곧고 강하게 만들 수 있다는 사실에 거듭 놀라곤 한다.

'반드시 낫고 싶다.'라는 절박한 마음이, 포기하지 않는 불굴의 마음이 자신이 가진 병으로부터 자유로워지는 길인 셈이다.

48

마보참장 사례 2 삼차신경통
- 몇만 볼트의 전기가 '빠지직' 하고 흘러요

무엇보다 중요한 것은 계속하는 것입니다. _ 고바야시 히로유키

다리에 꽉 끼는 검정 가죽 바지에 곰돌이 캐릭터가 가슴 한복판에 커다랗게 박혀 있는 빨강 스웨터를 입은 50대 여성이 내경일지선 수련장에 스쿠터를 타고 매일 찾아왔다. 사람을 외모로 운운해서는 안 되지만, 그녀의 얼굴은 시커멓게 그을려 있어서 전형적인 시골 농촌의 아낙네와 전혀 다를 바 없었다. 그리고 부스스하고 보글거리는 머리는 더더욱 시골 아낙네의 분위기를 물씬 풍겼다. 내경일지선 수련장은 중국 절강성 소주의 북쪽 외곽에 자리하고 있다. 그러니까 시골이 맞다.

보아하니 그녀는 장문인에게서 내경일지선을 익힌 지 꽤 오래된 듯했다. 한 번씩 수련장에 올 때마다 한 꾸러미의 계란이나 또는 야채나 식료품이 든 비닐봉지를 들고 와 저녁때 드시라고 장문인에게 건넸다. 장문인은 "고맙다."라고 말하며 비닐봉지를 받았다. 겉보기에도 둘은 꽤 친근한 사이처럼 보였다.

병든 몸을 건강한 몸으로 바꾸는
8가지 기공 비결

짐작건대, 그녀는 나보다 몇 년 앞서 내경일지선을 접한 게 틀림없었다. 그녀의 마보참장 자세는 딱 보기에도 몇 년은 닦은 것처럼 단단하고 안정돼 보였다. 그녀는 뭐가 그리 바쁜지는 모르지만, 스쿠터를 타고 급하게 수련장에 와서는 한 시간 남짓 마보참장과 일자장(一字樁, 내경일지선의 또 다른 참장 자세로 다리를 양옆으로 직각으로 쩍 벌리고 선다.)을 익히고는 부리나케 돌아갔다.

'대체 뭐 하는 사람일까?'

나는 그녀가 궁금했다.

내경일지선 수련장에 오가는 여러 사람들에겐 저마다 배울 점이 있다는 걸 나는 안다. 어떤 사람이든 인생을 살아오면서 자신이 갈고닦은 다이아몬드 같은 번쩍이는 깨달음 하나씩은 갖고 있기 마련이다. 내가 겸손하면 그 깨달음을 그에게서 얻을 것이고, 오만불손하면 그 깨달음을 눈앞에서 보고도 버젓이 놓치고 만다. 그녀를 보면서 어떻게든 그녀의 다이아몬드를 한번 캐 봐야겠다고 벼렀다.

드디어 기회가 왔다. 오늘은 그녀가 좀 한가한 듯했다. 내 맞은편에서 그녀가 마보참장을 서고 있었다.

내가 물었다.

"내경일지선을 왜 배웠어요? 그리고 마보참장을 배우고 나서 뭔가 달라진 점이 있나요?"

진작 말했어야 하는데, 그녀는 소주인(蘇洲人)이다. 소주인은 북경 표준어인 '푸통화(普通話)'를 쓰지 않는다. 그녀는 내 질문에 마치 물어봐 주기를 기다렸다는 듯 속사포처럼 소주말을 막 쏟아부었다.

"띵 초우, 띵 초우."

이 말을 하며 그녀는 자기 손가락으로 코를 가리켰다. 그러고는 코에서 입술 쪽으로 손가락을 죽 그어 내렸다.

다시 얘기하지만, 그녀가 봇물 터지듯 쏟아 내는 소주 말 중에서 내가 알아들은 거라곤 '띵 초우', 겨우 이 한마디뿐이었다. 시간이 지날수록 그녀와의 대화는 점점 더 미궁 속으로 빠져드는 기분이었다. 나중엔 내가 그녀에게 괜히 말을 걸었나 싶을 정도였다.

이제껏 중국을 동서남북으로 누비면서 지방마다 말이 서로 다르다는 걸 익히 알고 있었다. 하지만 상하이에서 통하던 표준어인 푸통화가 상하이에서 고속열차를 타면 불과 20여 분밖에 안 걸리는 이곳 소주에서 전혀 통하지 않으리라고는 꿈에서도 상상조차 하지 못했다.

소주에는 소주의 말이 따로 있다. 그래서 푸통화를 하는 사람은 현지인이 하는 소주 말을 전혀 알아듣지 못한다. 한국으로 치면, 서울 사람이 제주도 본토박이에게서 제주 말을 듣고 있는 셈이다. "무신거옌 고람신디 몰르쿠게?(뭐라고 말하는지 모르겠지요?)"

그녀가 '띵 초우'란 말을 여러 번 반복하고 강조한 걸 보니, 분명 그게 대화의 가장 핵심 단어임이 틀림없었다. 아까부터 나는 이 단어에 꽂혀서 진땀 깨나 빼고 있었다. '근데 띵 초우가 대체 뭐지?' 하고 말이다. 옆에서 그녀와 나의 대화를 한참 듣고 있던 한 사형이 보다 못해 대화에 불쑥 끼어들었다.

"'띵 초우'란 말야. 전기에 '빠지직' 하고 감전된다는 뜻이야."

'아하!'

그제야 나는 그녀가 손가락을 얼굴로 가져가 왜 코에서 입으로 그었는지를 이해했다. 내친김에 소주말을 푸통화로 좀 통역해 줄 수 있겠느냐고 그 사형에게 부탁했다. 그는 흔쾌히 승낙했다.

그녀는 8년 전부터 '삼차신경통'을 앓았다. 전에는 매우 건강해서 자신이 아플 거라고는 전혀 생각지도 못했다. 그녀는 삼차신경통을 앓고 나서 고통이 얼마나 육체와 정신을 극심하게 괴롭힐 수 있는지를 깨달았다. 사는 것보다 차라리 죽는 게 낫겠다는 생각을 하루에 수만 번도 넘게 했다.

'띵 초우.' 돌연 몇만 볼트의 전기가 얼굴의 신경을 타고 '빠지직' 하고 흐르면서(몇만 볼트에 감전되면 온몸은 즉시 재가 돼 버린다. 조금 과장된 표현이니 이해하기 바란다.) 얼굴 전체를 감전시키고, 이윽고 온몸에 마비를 일으킨다. 일순간 온몸이 바람 빠진 풍선처럼 무기력해진다. 혹은 온몸의 뼈에서 칼로 근육을 전부 다 발라낸 것처럼 몸이 땅으로 삽시간에 꺼진다. 이럴 땐 정말이지 손가락 하나 까딱할 기운조차 남아 있지 않다.

해서 자리에 누워 본다. 누워 있어도 마비 증세는 여전하다. 이따금 전기가 빠지직 하고 일어난다. 이내 마비가 찾아오고 몸은 일어난 전기로 바비큐 통구이처럼 바싹 타들어 가는 듯하다. 말하자면, 일종의 전기 고문이 예고 없이 계속된다. 한마디로 살아서는 결코 겪고 싶지 않은 끔찍한 고통이다.

어느 나라를 막론하고 이런 고통스러운 난치병을 앓을 때, 그들이 선택하는 유일한 길은 병원의 의사와 약에 의존하는 것이다. 그녀는 삼차신경통이 시작된 이래로 병원을 계속 드나들었다. 의사가 처방하는 약을 약국에서 한 다발씩 받아와 매일 거르지 않고 꼬박꼬박 복용했다. 그런데 그 약값이, 도저히 감당할 수 있는 수준이 아니었다. 약값으로 매년 수천만 원이 나갔다.

뒤에 알았지만, 그녀는 장문인의 내경일지선 수련장으로 들어오는 대로변 입구 건너편에서 남편과 함께 5평 남짓한 만둣집을 운영하고 있었다. 가게 이름은 '위중조점(渭中早点)'.

'위중'이란 이곳의 지역명이고, '조점'이란 아침에 먹는 간단한 식사를 이른다.

만둣가게는 보통 새벽 5시에 문을 연다. 그리고 오후 2시까지 손님들에게 만두와 죽, 전병 따위를 판다. 영업은 오후 2시에 종료하지만, 뒷정리를 하고 나면 4시다. 이때 잠깐 쉰다. 한두 시간 쉰다. 쉬고 나면, 곧바로 이튿날 장사를 준비해야 한다. 장을 보고 재료를 손질한다. 이 작업을 마치면 7시다. 가게 문을 닫는다. 집으로 돌아와 씻고 9시쯤 잔다. 다음 날 새벽 3시에 일어난다. 가게로 나와 그날의 장사를 준비한다. 수십 년간 그녀는 이런 일과를 줄곧 반복해 오고 있었다.

놀랍게도 이 고되고 바쁜 일과 중에 잠깐 쉬는 오후 4시부터 6시 사이에 그녀는 장문인을 찾아와 한두 시간 내경일지선 마보참장을 단련하고 있었다. (나라면 그만 피로에 절어 그 시간에 낮잠이나 쿨쿨 잤을 것이다.) 만둣가게의 하루 수입은 가장 많이 벌 땐 하루 십만 원 안팎이었고, 적게 벌 때는 3~4만 원 정도였다. 삼차신경통 약값은 한 달에 자그마치 수백만 원이 넘었다.

한국으로선 약값이 왜 이렇게 비싼지 도통 이해가 안 되겠지만, 중국은 의료보험 제도가 잘 갖추어져 있지 않다. 특수한 질병이나 치료가 어려운 난치병에 대한 약은 시중에 매우 고가에 유통되고 있고, 그 약값은 환자 개인이 전적으로 부담하게 되어 있다. 이뿐만이 아니다. 병원에 입원하는 것도 환자의 부담이 상당히 크다. 그래서 중국인들 사이에선 이런 말이 회자한다. "세상에서 가장 비싼 침대는 바로 병원 침대다."

8년 동안 삼차신경통을 앓으면서도 그녀는 몸을 가눌 수 없을 때조차도 가게에 꾸역꾸역 나와 남편과 함께 만두를 빚었다. 그리고 만둣가게에 매일 찾아오는 수십에서 수백 명에 이르는 손님들에게 만두 접시를 숨 고를 틈도 없이 나르면서 종일 고된 노동을 감당했다. 아픈 그녀에겐 결코 가볍지 않은 노동량이었다. 먹고 사는 것도 빠듯해 죽을 지경인데, 엎친 데 덮친 격으로 난치병인 삼차신경통까지 앓고 있는 것이었다. 이렇게 살아가는 것이 자신의 운명이라는 게 그저 저주스러울 뿐이었다. 그녀의 얼굴은 날이 갈수록 어두워져 갔고, 점차 생기를 잃어 갔다.

그러나 그녀는 결코 운이 나쁜 사람은 아니었다. 어느 날, 그녀가 삼차신경통을 8년 동안 앓아 오면서 죽지 못해 겨우겨우 살고 있다는 말을 만둣가게에 아침을 먹으러 온 내경일지선 제자들이 들었다. 병은 소문을 내면 빨리 낫는다고 했던가.

제자들은 그녀에게 말했다.

"허허. 귀인을 엎어지면 코 닿을 곳에 두고도 몰랐냐. 당신 만둣가게에서 걸어서 3분만 가면 당신의 병을 낫게 해 줄 귀인이 살고 있다. 우리는 바로 그 귀인의 제자들이다."

종종 현대 의학으로 손쓰지 못하는 병을 앓는 사람들이 귀인, 즉 궐교생 장문인을 찾아와 내경일지선을 배우고는 다들 병이 호전되고 완치된 경우가 이루 헤아릴 수 없이 많다고 제자들은 그녀에게 귀띔해 주었다.

이튿날 바로 그녀는 장문인을 찾아갔다. 그러고는 내경일지선 마보참장을 익혔다. 2년 전의 일이다.

그녀는 주로 내경일지선 마보참장을 단련했다. 처음엔 하루에 30분을 하는 것을 목표로 삼았다. 쉽지 않았지만 끝내 30분을 섰다. 그러고는 10분씩 시간을 점점 더 늘려 갔다. 한 달, 두 달, 그리고 석 달. 이렇게 마보참장 시간을 끊임없이 늘려 가면서 마침내 1시간까지 설 수 있게 됐다. 한데 이상한 것은 매일 예고 없이 찾아오던 통증이 이틀, 삼일 간격으로 멀어지기 시작했다는 점이다. 한편으로 그녀는 꾸준히 약을 먹었다.

눈에 띄는 변화는 6개월 뒤에 나타나기 시작했다. 숯처럼 시커멓던 얼굴이 갓 피어난 장미처럼 생기가 돌기 시작했다. 무기력했던 몸에서는 20대 처녀 같은 활기가 넘쳤다. 주변 사람들이 그녀의 이런 놀라운 변화를 보고는 한입으로 물었다.

"어머, 얼굴 혈색이 몰라보게 좋아졌네. 뭘 했어?"

그녀는 지체 없이 대답했다.

"내경일지선 마보참장을 했지. 마보참장이 약보다 효과가 더 좋아!"

그 뒤로도 마보참장의 효과는 더욱 명확하게 나타났다. 1년 뒤, 약 복용을 차츰 줄여 갔다. 통증이 어떤 때는 사나흘씩 나타나지 않고 있었다. 그리고 어떤 때는 일주일 이상 아무렇지도 않았다. 날이 갈수록 자신의 병이 호전되고 완치될 기미가 뚜렷하게 나타나고 있었다. 그녀는 가슴속에서 기쁨을 느꼈다. 자신의 삶이 이전처럼 되돌아온 기분이었다.

2년째가 되었을 때, 그녀는 약을 완전히 끊었다. 대신 내경일지선 마보참장을 쉼 없이 단련했다. 나는 그녀가 약을 끊고 있을 때 만난 것이었다.

절대 나을 수 없을 것 같았던 자신의 병이 낫자, 그녀는 자신이 배운 내경일지선 마보참장을 결코 놓을 수가 없었다. 현재 그녀는 일이 너무 바빠서 내경일지선 수련장에 오지 못할 땐 만둣가게 한쪽에서 짬짬이 마보참장을 한다. 마보참장이 약보다도 더 효능이 좋다는 걸 그녀는 몸소 체험했기 때문이다.

그녀는 마보참장으로 기력이 몰라보게 향상되었고, 생활 전반에서 생기와 활력을 되찾았으며, 난치병인 삼차신경통이 나았다. 물론 이는 마보참장을 단 하루도 거르지 않고 단련했던 노력이 가져다준 축복이었다.

나는 그녀에게 말 걸기를 잘했다고 생각했다. 그녀의 다이아몬드를 캐, 뇌 주머니에 깊숙이 넣었다. 나는 통역에 수고해 준 사형에게 고맙다고 했다.

지금 한국에도 난치병으로 고생하면서 속수무책으로 약만 먹고 있는 사람들이 너무나도 많다. 그런 사람들에게 이 만둣가게 여인의 얘기를 꼭 들려주고 싶다. 어둠이 길더라도 반드시 빛이 비출 때가 있고, 그 빛이 일순간 모든 어둠을 사라지게 할 수 있다는 것을 말이다.

당신에게 이 얘기가 한 줄기의 빛이 되길 바란다. 당신도 단 하루도 거르지 않고 마보참장을 꾸준히 단련하면 찰거머리같이 붙어 있던 지긋지긋한 병마에서 홀홀 벗어나 창공을 훨훨 날아다니는 나비처럼 자유로워질 것이다.

49

마보참장에 반지법을 더하면
호랑이가 날개를 단 격이다

친구여, 우리의 내면에는 아직 이끌어 내지 않은 많은 자원이 있다네. _ 랄프 왈도 에머슨

내경일지선의 '내경(內勁)'은 인체 내에 잠재된 능력, 에너지, 기력을 뜻하고, '일지(一指)'란 한 손가락을 일정한 규칙에 따라 구부려서 몸속의 경락을 빠르게 소통시키고 공력을 늘리는 것을 일컬으며-이를 '반지법(扳指法)'이라 부른다- 마지막 '선(禪)'은 이 같은 방법을 통해 심신을 더없이 평정한 상태로 이끈다는 뜻이다. 그 어떤 공법보다도 내경일지선이 가진 가장 독특하고 가장 빼어난 장점이라면, 즉 내경일지선을 기존의 공법과 차별화해 주는 점은 이 내경일지선의 정의에 들어 있는 '반지법'을 꼽을 수 있다.

여기서 반지법을 언급하는 이유는 마보참장으로 호랑이처럼 강건해지는 것에 더해, 반지법을 단련하면 몸이 훨씬 더 경쾌해지고 더 자유로워진다는 걸 미리 알려 주기 위해서다.

보통 수년간 마보참장을 단련해 호랑이처럼 기력이 늘어난 사람들

은 '뭐, 더 없나?' 하고 찾기 마련이다. 그때 필요한 것이 바로 반지법이다.

처음 반지법을 배우고 나서 난 정말이지 반지법의 효과가 이토록 놀라운 것이었나 하고 감탄했다. 사람마다 정도의 차이는 있겠지만, 내 경우엔 반지법을 배우고 닫혀 있던 경락들이 손가락을 구부리는 것과 동시에 즉각 열리는 걸 경험했다.

대개 반지법은 마보참장을 30분 선 뒤 곧이어 단련한다. 다섯 개의 손가락을 정해진 순서에 따라 일정한 시간에 맞춰 각각 다른 횟수로 구부리면 손가락과 연결된 경락들이 진동을 일으키면서 열리게 된다. 흡사 피아노 건반을 두드리면 그 건반에 연결된 피아노 줄이 곧바로 튕기며 진동하고 소리를 발하는 것과 같은 원리다.

솔직히 말해 여태껏 수많은 기공을 익혀 오면서 경락을 통하게 하려고 안 해 본 것 없이 이것저것 별것을 다 해 보았지만, 반지법처럼 효과가 빠른 것은 처음이었다. 이 반지법의 놀라운 효능은 한두 사람이 경험한 것이 아니다. 이제 막 마보참장을 배운 사람도 반지법을 시작하면서 실제로 경락이 인체에 존재한다는 걸 몸소 경험한다. 또 경락이 진동하는 느낌을 직접 느끼기도 한다. 그러니까 경락을 몸으로 직접 느낀다는 건 현실에서 얼마든지 가능하다. 다만 그 탁월한 방법만 제대로 터득하면 되는 것이다.

반지법을 얘기한 건, 당신도 병으로부터 벗어난 다음 더욱 기력을 늘리고 싶을 땐 이리저리 헤매지 말고 반지법을 익히라고 말해 주고 싶기 때문이다.

나는 궐교생 장문인에게서 반지법을 배웠다. 한국에도 내경일지선 책이 이미 출간돼 있다. 1994년에 나온 안덕해의 《소림내경일지선》이다. 하지만 이 책에 나온 반지법은 정확하지 않다. 장문인의 것과는 전혀 다르다. 반지법의 방법과 요령이 다르게 적혀 있다. 당신이 이 책에 나온 반지법을 따라 수십 년을 단련한다 해도 반지법의 정확한 효능을 경험하기는 어렵다. 그러니까 요는, 반지법은 수십 년간 반지법을 단련해 온 장문인에게서 배워야 한다는 것이다.

반지법은 경락을 신속하게 통하게 하는 비결과 원리가 포함돼 있다. 고대인들이 그걸 어떻게 발견해 냈는지를 뒤미처 생각하면, 나는 반지법을 단련할 때마다 그들에게 탄복하곤 한다. 인체 내에 있는 여러 생명의 비밀 중 손가락을 구부리고 펴는 동작으로 몸속의 닫혀 있던 경락을 스위치를 켜고 끄듯 매우 빠르게 열고 닫을 수 있다. 이 반지법을 통해 나는 고대인들의 지혜가 현대인들의 지혜보다 한층 앞서 있었다는 점을 통감했다.

궐 장문인에게서 반지법을 배운 나는 반지법을 꾸준히 단련하면서 매우 빠르게 경락을 뚫고 있으며, 하루가 다르게 공력을 늘려 가고 있다. 앞에서도 말했듯, 30년 동안 기공을 이것저것 별것을 다 해 보았지만, 이처럼 빠른 공력의 상승을 경험해 보지는 못했다.

당신도 내경일지선의 마보참장을 기초로 닦고, 거기에 반지법을 더 익혀 보길 바란다. 그러면 기골이 장대한 호랑이처럼 원기 왕성해지고, 그 호랑이가 날개를 단 것처럼 공중을 가벼이 훨훨 날아다닐 수 있는 비상한 힘을 얻게 될 것이다. 중국에서 널리 회자하는 "호랑이가 날개를 달다."란 말이 당신에게 꼭 그대로 실현되는 놀라운 경험을 할 것이다.

병든 몸을 건강한 몸으로 바꾸는
8가지 기공 비결

50

마보참장은
손의 자기장을 세게 한다

고목에서 새 꽃이 핀다. _ 중국 속담

1994년부터 나는 매년 중국으로 가 기공 서적을 있는 대로 쓸어모았다. 고서점과 일반 서점 할 것 없이 새로운 책이 나오기만 하면 족족 사들였다. 그렇게 27년을 모았다.

여태껏 모은 기공 서적들은 현재 중국에서 절판된 책이나 희귀본이 대부분이다. 이젠 중국을 다녀도 전에 내가 모았던 책들은 그 씨조차 말라 버렸다. 지금 나오는 책들은 그 이전의 책들에 비해 내용이 상당히 부진하다. 하지만 개중에는 간간이 군계일학 같은 책들이 나오기도 한다. 내가 계속 기공 서적을 모을 수밖에 없는 이유이다.

내가 이렇게 열과 성을 다해 기공 서적을 모은 이유는 무엇일까? 그건 기공 서적 속에 있는 기공에 관련된 경험과 연구와 결론을 파악하기 위해서다. 때론 기공 책 한 권에서 발견한 한 문장이 내가 그토록 오랫동안 머리를 싸매고 끙끙거리며 안고 있던 문제를 단박에 해결해 주기도 한다. 단언컨대, 기공의 지평을 확장하는 데 책은 그야말로 크나큰 도움이 된다.

1992년 천진과학기술번역 출판사에서 펴낸 왕서정과 전운의 《일지선기공학(一指禪氣功學)》은 내경일지선을 학술적·과학적으로 연구한 자료들을 집대성한 책이다. 이 책에는 읽어 볼 만한 가치가 있는 내용이 여럿 나온다.

내경일지선의 발전 과정과 현대의 과학 실험 연구, 그리고 임상에서 내경일지선이 어떻게 응용되고 있는지를 책은 자세히 적고 있다. 중국에서 이 책을 언제 어디서 구입했는지는 기억이 가물가물하다. 하지만 이 책을 사 두길 참 잘했다는 생각이 든다. 책 속에 마보참장과 관련된 핵심적인 연구가 들어 있다.

"내경일지선을 단련한 14명의 마보참장 전과 후의 손바닥의 자기장(磁氣場) 세기를 측정했다. 14명 모두 평균 0.75가우스가 높아졌다.", "중국 전역에서 온 의료인들 51명을 대상으로 마보참장을 한 뒤, 손바닥 자기장 세기를 측정했다. 그 결과, 자기장의 세기와 실험 대상자들의 마보참장 단련 시간이 정비례했다. 단련 시간이 길면 길수록 자기장의 세기도 더욱 강해지는 현상을 보였다."

이는 내경일지선의 마보참장을 오래 단련하면 할수록 손바닥의 자기장이 훨씬 더 세진다는 과학 실험 결과이다. 이처럼 손바닥의 자기장이 세져 간다는 것은 온몸의 자기장, 즉 인체 자기장도 동시에 강해져 간다는 걸 의미한다. 인체 자기장이 세지면 인체의 기혈 순환이 가속화되면서 인체의 막혀 있던 경락을 뚫는 힘이 더욱 강해지며, 더불어 경락이 소통되는 정도에 따라 기력도 상당한 수준으로 높아지게 된다. 그 결과, 날이 갈수록 병이 낫고 원기가 왕성해지는 것을 경험할수 있다.

또한 내경일지선 마보참장을 1~2년 동안 올바른 요령에 따라 꾸준히 단련하면, 내기외방(內氣外放, 몸속의 기운을 몸 밖으로 풀어놓는 것)의 수준까지 자연스럽게 올라가 외기(外氣, 몸속에서 몸 밖으로 방사되는 기운)를 상대에게 발사해 타인의 병을 치료해 줄 수도 있다. 중국에서 내경일지선 마보참장을 단련한 사람들은 대다수가 자신의 가족과 친구, 친척을 자신의 손으로 직접 치료해 주고 있다. 물론 이들 외에도 자신의 도움이 필요한 사람이 있으면 그들은 손을 내밀기를 결코 주저하지 않는다.

내경일지선의 마보참장을 지속적으로 단련하면 계속 내부의 기운이 쌓이면서 손과 온몸의 자기장이 모두 세진다.

51

마보참장의 힘

나는 행동주의자다. 행동은 앞으로 나아가는 유일한 방법이다. _ GM 회장 메리 바라

내경일지선의 마보참장은 수백만 명(1970년대 내경일지선 수련 인구는 이미 250만 명을 넘어섰다.)의 실천을 통해 기력을 얻는 것이 빠르며, 건강이 빠르게 좋아지고, 부작용이 없으며, 병이 있는 사람은 병이 치료되고, 병이 없는 사람은 더욱 강건해지는 효과가 있다는 것이 입증됐다.

현재 마보참장을 배운 사람들은 마보참장을 자신의 건강을 지켜 나가는 매일의 필수 과목으로 여기고 있으며, 매일매일 마보참장을 단련해 나가면서 더욱 건강해지고 더욱 원기 왕성해져 가고 있다. 그들은 되도록이면 하루의 한때를 빼내, 그 시간을 마보참장으로 충실하게 보낸다. 그건 마보참장을 한 번 설 때마다 공들인 만큼의 피로 회복과 원기 증강을 몸소 경험하기 때문이다. 그러다가 어떤 때는 기력이 주체할 수 없을 정도로 넘쳐 날 때도 종종 나타나곤 한다.

병든 몸을 건강한 몸으로 바꾸는
8가지 기공 비결

기공사 왕서정과 전운의 《일지선기공학》은 내경일지선의 '마보참장의 효능'을 다음과 같이 적고 있다.

– 혈압과 심장 박동을 정상으로 회복시킨다

고혈압 환자와 저혈압 환자들이 마보참장을 한 달 반 동안 수련한 결과, 혈압과 심장 박동이 모두 고르게 정상 수준으로 돌아왔다. 즉, 이는 마보참장으로 교감 신경과 부교감 신경의 균형이 빠르게 회복되고 조절되면서 나타나는 효과이다.

– 기분을 조절한다

마보참장을 단련한 500명의 통계를 낸 결과, 그중 90%가 마보참장을 단련하고 10분이 되면 땀을 흘렸다. 마보참장을 일주일 단련한 날부터는 특별히 편안하고 쾌적한 기분을 느꼈다. 어떤 수련자는 이런 말을 했다. "기분이 좋아지니까 병이 벌써 절반은 나은 것 같다!"

– 간의 질병을 예방하고 치료한다

상해 신민 석간신문의 1980년 3월 1일 보도에 따르면, 당시 상해에 'A형 간염'이 전국적으로 유행했는데, 마보참장을 단련한 사람 1만 명을 검사해 보니 단 한 명도 이 병에 걸리지 않았다고 한다. 이는 마보참장이 혈액 순환을 촉진하고 신진대사를 가속하여 이로 간장의 대사에도 이로운 영향을 끼치기 때문이다.

- 다이어트는 물론이고, 체중 증가에도 도움이 된다

3명의 비만 환자를 관찰한 결과, 마보참장을 1개월 단련한 뒤, 몸무게가 3kg이 줄었다. 이는 마보참장을 할 때 대량의 산소를 몸속으로 들이마셔서, 그로 열을 발생시키고 열로 체내 지방을 태우기 때문이다.

5명의 마른 사람을 관찰한 결과, 마보참장을 2개월 단련한 뒤 체중이 평균 2.5kg이 늘었다. 이는 마보참장을 할 때 횡격막이 오르내리면서 위장과 내장 전체를 골고루 안마해 식욕을 증진시키고 소화력을 높이기 때문이다.

- 시력을 좋게 한다

20명의 가성 근시를 앓고 있는 학생들을 관찰한 결과, 마보참장을 15일 단련한 뒤 시력이 평균 0.3이 올라갔다.

- 심장의 혈액 순환을 돕는다

다리와 엉덩이 근육을 수축한 상태로 단련하는 마보참장은 다리에 있는 혈액을 심장 쪽으로 힘차게 뿜어 올린다. 이는 심장이 다리 쪽으로부터 혈액을 끌어올려야 하는 부담을 크게 덜어 주어 심장의 피로를 줄이고 심장을 편안하게 해 준다.

- 인체의 지능을 개발한다

마보참장은 자기 통제력과 의지력을 기르는 데 이롭다. 또한 기억력을 높인다. 마보참장은 정서 조절과 학습 능력을 끌어올리는 데 매우 이롭다.

– 면역력을 높인다

마보참장을 1시간 단련한 뒤 적혈구는 123만 개, 백혈구는 3,650개가 늘어났다.

– 기를 빨리 얻는다

기공잡지 〈중화기공〉 1987년 제1기 보도에 따르면, 내경일지선 마보참장을 단련한 69명 중 14명은 이전에 기공을 익힌 적이 없는 사람들이었다. 그들은 마보참장을 12일 동안 단련한 뒤, 손의 자기장이 평균 1.13가우스가 높아졌다. 6개월 이상 꾸준히 단련한 사람은 자기장이 몸속의 기를 몸 밖으로 방사할 수 있는 기공사의 수준까지 이르렀다.

이상은 일지선기공학에 적힌 마보참장의 효능이다. 하지만 실제 마보참장을 하면서 얻는 효능은 이보다 훨씬 '더 많다.'

기연구소에 오는 학생들은 대부분 심신에 어떤 질병을 하나씩은 갖고 있다. 호흡 곤란, 비만, 비염, 축농증, 심계항진, 심부전, 갑상선 기능 이상, 신경 쇠약, 불면증, 우울증, 강박증, 공황 장애, 암 등등. 이들은 저마다 마보참장을 하면서 '마보참장의 힘'을 경험하곤 한다.

그들은 단련한 지 1개월, 2개월이 지나고 3개월쯤 되면 자신이 겪고 있는 증세들이 차츰 줄어들고, 어느새 몰라보게 건강해져 가는 자신을 발견하곤 내심 기뻐한다. 말하자면, 마보참장은 자신이 공들인 만큼의 효능을 스스로 가져가는 것이다. 하지만 마보참장에 이런 놀랄 만한 힘이 숨어 있다 해도 자신이 그 힘을 스스로의 것으로 만들려는 노력이 없는 한, 결코 이 효과들을 기대할 수는 없다.

마보참장을 하고 있는 순간은 때로 상당히 지루하지만, 그 지루함을 이겨 내고 평정의 상태를 그대로 유지해 나가면 어느새 기대하지 않았는데도 기대 이상의 효과를 얻게 된다.

당신도 마보참장을 통해 방금 언급한 일지선기공학에 나온 효능뿐 아니라, 그보다 '더 많은 것'을 스스로의 노력으로 손에 거머쥘 수 있다. 기연구소에 오는 학생들은 저마다 나이, 직업, 성격, 체질, 심리 상태 등이 모두 천차만별이다. 그들은 현재 저마다 마보참장을 익혀 자기 자신이 얻고자 하는 것 이상의 효과를 거두고 있다. 당신도 이런 면에 있어서 예외는 아니다. 마보참장을 꾸준히 배워 익힌다면, 그 길이 바로 당신의 눈앞에 훤히 열릴 것이다.

병든 몸을 건강한 몸으로 바꾸는
8가지 기공 비결

52
쿵푸는
단련에서 나온다

삶이란 쓰러지는 자세를 곧추세우는 반복된 결의의 장이다. _ 안상헌

'피곤한데 한숨 자고 할까?', '종일 바깥일에 시달렸는데 TV 드라마나 영화 한 편 보고 해도 괜찮겠지.', '오늘은 기분이 꿀꿀하니까 내일 하지 뭐.'

대개 사람들은 마보참장을 하지 않을 만한 이런저런 핑계를 찾곤 한다. 나도 매일반이다. 하지만 이럴 때 단호하게 용수철처럼 자리를 박차고 일어나 '지금 당장' 마보참장을 해야 한다. 한마디로 하면, "무조건."

언제나 핑계나 구실을 찾는 것이 사람의 마음이다. 그리고 그런 마음을 고분고분 따라가다 보면 그 결과는 불을 보듯 뻔하다. 마보참장을 하루 이틀 계속하지 않게 된다. 결국, 신체와 정신이 한층 나아갈 수 있는 길을 스스로 막아 버리고 포기하고 마는 셈이다.

"고작 하루, 이틀 쉬는 걸 가지고서 별 호들갑을 다 떠는군그래." 당

신은 이렇게 말할지도 모른다. 그러나 그 하루, 이틀이 사흘, 나흘이 되고 급기야 일주일, 한 달이 되는 건 마치 작은 불길이 삽시간에 건물 전체를 뒤덮는 것처럼 순식간이다.

중국 내경일지선 19대 장문인 궐교생은 제자들에게 항상 이 말을 들려주곤 한다.

"쿵푸는 단련에서 나온다. 입에서 나오지 않는다."

말만으로 쿵푸, 즉 내공 내지 공력을 쌓는다는 건 결코 세상에 존재하지 않는다는 얘기다. 말로 열 시간을 마보참장에 대해 이러쿵저러쿵 떠들어 대기보다는 마보참장을 단 일 분이라도 단련하는 편이 훨씬 낫다.

뻔한 얘기지만, 사람은 한번 게을러지기 시작하면 한없이 게을러진다. 나는 마보참장을 익히고 나서 내 스스로 게을러질 때마다 궐 장문인이 내게 들려준 "쿵푸는 단련에서 나온다."라는 말을 잊지 않고 계속 뇌리에 되뇐다. 이에 더해 "각고의 훈련을 통해 네 공력을 더해 가라."라는 장문인의 진심 어린 당부도 잊지 않고 마음속에 계속 각인한다.

마보참장은 어쩌면 자기의 게으름과 싸워 이기는 매일의 훈련이라 할 수 있다. 게으르면 결코 쿵푸를 얻지 못하고, 꾸준히 단련하면 반드시 쿵푸를 얻는다.

당신도 마음속에서 앞서 말한 것과 같은 핑계나 구실을 찾는 소리가 들리면 매우 크고 단호한 목소리로 이렇게 외쳐라.

"쿵푸는 단련에서 나온다!"

그러고는 자리에서 용수철처럼 튀어 올라 매일 마보참장을 서는 그 곳에 우뚝 서라. 그럼 당신은 그 선 자리에서 비전을 보게 될 것이다. 이미 상당한 쿵푸를 갖춘 고수의 반열에 오른 자기 자신을 말이다.

53

'박(搏)',
마보참장의 핵심 원리

당신의 두뇌와 심장에 창조적 자유를 허락하라. _ 이지성

모든 기공이나 운동을 막론하고 그 원리를 아는 것과 모르는 것은 상당히 큰 격차를 낳는다. 원리를 이해하지 못하고서 단련을 해 나가면, 가끔 '도대체 내가 왜 이걸 하고 있지?'라는 의구심이 들기 때문이다. 원리를 이해하는 것은 기공을 지속적으로 이끌어 나갈 수 있는 원동력이 된다.

'박(搏)'은 마보참장의 핵심적인 원리 중 하나이다. 박은 '박동한다.'라는 뜻이다. 심장이 한 번 수축하고 한 번 이완되는 걸 한 번 박동한다고 말한다. 그저 이완만 되고 수축하지 않으면 박이라고 부를 수 없다.

이 박을 설명하는 아주 간단하고 명쾌한 그림이 있다.

그는 침대 위에 누워 있다.

안경을 쓴 이 남자는 30대나 40대쯤으로 보인다. 머리카락은 없다. 전부 밀었는지, 아니면 선천적으로 부모에게 유전되었는지는 몰라도 대머리이다. 장소는, 알 수 없다. 집일 수도 있고 아닐 수도 있다.

누워 있는 그는 잠이 든 모양이다. 안경 너머로 보이는 그의 눈꺼풀이 감겨 있다. 마치 깊은 잠에 스르르 빠져든 듯하다. 고개는 오른쪽으로 비스듬히 기울어 있다.

그는 분명 침대에 누워 있다가 자기도 모르게 잠든 것이다.

하지만 섣불리 판단하기에는 아직 이르다.

그의 배가 보인다. 배 위에 담요가 아무렇게나 가로로 걸쳐져 있다. 두 팔과 다리는 담요 밖으로 나와 있다. 옷은 반팔에 반바지 차림이다. 계절은, 알 수 없다. 여름일 수도 있고 겨울일 수도 있다. 요즘엔 겨울에도 실내 난방을 워낙 빵빵하게 잘해서 여름처럼 반팔과 반바지를 입고 생활하는 사람들이 제법 많다.

다른 건 몰라도 분명 남자는 침대에서 잠을 자고 있다.

그러나 말했다시피 섣부른 판단은 아직 이르다.

그의 얼굴이 보인다. 왠지 모르게 안색이 창백하고 몹시 지쳐 있다.

한데 이상한 것이 있다. 침대 위에 누워서 자고 있는 그의 팔과 다리에 붕대 같은 것이 감겨 있다. 그 붕대는 마치 감다 만 붕대처럼 끈이 팔과 다리에서 각각 한 가닥씩 옆으로 풀려 있다. 풀린 끈은 어디로 연결되는지, 아니면 그냥 거기서 끝난 것인지는 알 수 없다.

이를 놓고 보면(이제 조심스레 판단한다.), 이 남자는 단순히 잠을 자고 있는 것은 아니란 게 분명해진다. 어딘가 신체에 아픈 데가 있어서 병원에 와 치료를 받고 있는지도 모른다.

끼리릭. (이 장면부터는 상상이다.)

난데없이 문 여는 소리가 들린다.

또각또각.

구두 굽 소리가 실내의 정적을 가른다. 다행히 남자는 소리에 깨지 않는다.

담당 의사다.

의사는 그가 깊이 잠든 걸 보고, 곧장 침대 옆에 있는 기계로 눈을 돌린다. 그러고는 기계가 이상 없이 작동하는지를 꼼꼼히 점검한다. 아무 이상이 없는 걸 두 눈으로 확인하고는 다시 밖으로 걸어 나간다. 아직 치료가 끝나자면 족히 두어 시간은 더 있어야 한다.

이제야 풀린 끈이 어디로 연결되었는지가 보인다. 남자의 팔과 다리에서 풀려 있는 끈은 이 기계로 연결된다. 기계에는 '체외 반박 머신'이라는 이름이 중국어로 찍혀 있다.

위~윙.

기계가 저음을 내며 돌아간다.

이윽고 기계에 연결된 끈이 팽창한다. 남자의 끈도 기계의 끈이 부풀자 곧이어 팽창하기 시작한다. 끈 속으로 공기가 주입되고 있다. 들어간 공기는 남자의 팔과 다리에 있는 끈을 서서히 조인다.

체외 반박 머신에 '수축'이라 쓰여 있는 단추의 불이 깜박인다. 기계는 안경을 끼고 누워 있는 사람에게 외부에서 공기로 압박을 주고 있는 것이다.

남자는 이 반복되는 기계음이 마치 엄마가 부르는 자장가처럼 달콤한지 깊은 잠에 빠져 있다.

한껏 부풀었던 끈이 다시 천천히 쪼그라든다.

기계에는 '수축'의 단추에서 불이 꺼지고 '이완'이라는 단추의 버튼의 불이 명멸한다. 남자의 팔과 다리에 연결된 끈들도 동시에 바람 빠진 풍선처럼 쪼그라든다.

이 체외 반박 머신이 하는 일은 심장과도 같다. 심장은 한 번 수축하고 심장에서 피를 온몸으로 뿜어내고, 한 번 이완하고 온몸으로부터 피를 심장으로 되돌린다. 반박 머신은 심장이 수축할 때와 이완할 때 심장이 뛰는 박자에 맞춰 몸 밖에서 조이고 풀고를 반복하면서 심장이 하는 일을 대신하고 있다. 한마디로, 심장 대신 박동하고 있다. 이로 심장은 평소보다 더 많은 휴식을 취하고 안정을 되찾는다. 또한 체외 반박 머신은 환자에게 알맞은 압박이 어느 정도인지, 그것을 얼마큼 지속하고 또 언제 풀어 줘야 하는지를 기계 안에 있는 첨단 컴퓨터 칩이 다 알아서 판단하고 그 강약과 지속 시간을 조절해서 환자의 심장 박동을 정상적으로 되돌리는 데도 톡톡히 한몫한다.

남자의 심장은 그다지 좋지 않다. 온몸을 돌고 심장으로 돌아온 피를 심장에서 제대로 사지로 뿜어내지를 못한다. 마치 꽉 막힌 굴뚝처럼 심장이 갑갑하다. 자주 심장이 두방망이질을 한다. 그럴 때는 숨이 턱 밑까지 덜컥하고 막혀 온다.

남자는 체외 반박 머신을 통해 자신의 심장을 조리하고부터는 이런 증세가 많이 완화되는 것을 느꼈다. 이제껏 약물 요법에만 의존해 왔던 방식에서 벗어나 새로운 시도를 하고 있는 참인데, 의외로 효과가 좋다. 그는 심장을 편안하게, 그리고 튼튼하게 하는 데 반박 머신이 앞으로 자신을 크게 도울 거라고 확신하고 있다.

그는 병원에 오면 자신의 심장을 체외 반박 머신에 내맡긴 채 눈을 감는다.

이 그림은 《소림기공내경일지선 백 가지 질문》에 나온다.

'체외'란 몸 밖이란 뜻이고, '반박'이란 수축과 이완을 하며 박동한다는 걸 의미한다. '체외 반박 머신'이란 몸 밖에서 심장 대신 수축과 이완을 반복하면서 박동하는 기계를 뜻한다.

의료 현장에서 이 체외 반박 머신은 꽤나 유용하게 쓰이고 있다. 중국 의료계에선 이미 임상 시험을 완료해서 심근경색, 뇌동맥 경화, 중풍 등의 환자를 치료하는 데 쓰고 있다. 체외 반박 머신은 광동성 중산 의과대학에서 처음 설치되어, 이미 중국 28개의 성과 자치구에 보급돼 있다.

마보참장은 이 체외 반박 머신이 하는 일을 기계 없이 직접 하는 것이다.

마보참장을 할 때, 다리에 체중이 실리면서 다리의 근육은 '박'에서

'수축'의 상태에 놓인다. 허벅지와 장딴지의 근육이 긴장되고 오그라든다. 이때 허벅지와 장딴지에 있는 혈액은 다리 근육이 전체적으로 바짝 오그라들면서 몸통과 머리 쪽으로 쭉쭉 뿜어지게 된다. 이 장면은 손으로 염소젖을 쭉쭉 짜내는 걸 떠올려 보면 쉽게 상상이 갈 것이다. 그러니까 다리에서 일종의 펌프 작용이 일어난다.

이때는 혈류의 압력과 양이 크게 증강하고 늘어나는데, 평소 일부분만 열려 있던 미세 혈관들마저 덩달아 크게 확장된다. 손끝뿐 아니라 몸통과 머리에 있는 미세 혈관들이 전부 넓어지면서 혈액 순환이 보다 더 원활해진다. 이따금 마보참장을 할 때 손끝에 맥충(脉冲) 현상이 나타나곤 하는데, 이것은 바로 손끝에 있는 미세 혈관이 평소보다 확장되면서 혈액이 미세 혈관까지도 원활하게 공급되고 있다는 증거이다. 맥충이란 마치 맥박이 뛰듯 두근대는 현상을 말한다. 이럴 때는 손끝에 아주 작은 심장이 이식돼 있는 것처럼 두근두근 뛴다.

마보참장을 끝내고서 차 한잔 마실 정도의 시간이 지나면, 수축 상태에 놓여 있던 허벅지와 장딴지의 근육은 이내 이완 상태로 돌아온다. 이는 '박'에서 '이완'에 해당한다. 허벅지와 장딴지가 이완되면 온몸의 혈액이 봇물 터지듯 이완된 다리 근육과 혈관 사이로 세차게 흐르기 시작한다. 이로 평소보다 훨씬 더 많은 혈액이 온몸에서 다리 쪽으로 콸콸 흐르게 된다. 이따금 다리에 거센 물살이 쏴아아 쏴아아 하며 흐르는 감각이 느껴지곤 한다. 말하자면, 이는 다리에 충분한 혈액을 공급하여 다리의 영양과 건강을 전보다 훨씬 더 좋게 하는 것이다.

한 번 수축하고 한 번 이완하는 '박'의 원리를 이용하는 측면에서 마보참장은 체외 반박 머신 장치 없이도 온몸의 기혈 순환을 좋게 하고, 경락을 소통시키며, 공력을 증강하는 데 매우 우수하고 유용하다.

고대 문헌에 따르면, 옛 기공 수련가들은 인체의 내부를 손바닥을 들여다보듯 투시할 수 있었다고 한다. 그들은 마보참장을 할 때 다리에서 심장 쪽으로 흐르는 혈액이 쭉쭉 뿜어지는 걸 보았고, 동시에 심장의 부담이 그만큼 줄어서 심장이 훨씬 더 편안해지고 더 건강해져가는 걸 보았다. 또한 경락들을 들여다보았는데, 믿기지 않을 정도로 기운이 빠르고 크게 온몸의 경락을 순환하는 걸 보았다. 쉽사리 믿기지는 않겠지만, 그들은 분명 이것을 두 눈으로 직접 관찰했다. 그러고는 이 사실을 토대로 기공 문헌에 비결 중의 비결인 마보참장을 남겨서, 그것을 기공의 문화유산으로 후대에 전했다.

현대 의학과 인체 생리학적 관점에서 보면 '박'의 원리로 마보참장의 핵심을 얘기할 수 있다. 동시에 고대의 심안으로 살펴보면, 마보참장은 다리와 온몸의 혈액 순환을 좋게 하는 데 더할 나위 없이 우수한 것이다. 물론 고대인들이 그런 놀라운 투시 능력을 갖추고 있었다는 사실을 현대 과학으로 밝힐 만한 근거는 아직까지는 없다. 하지만 중국에서 '신이 내린 의사'라고 칭송받던 편작이나 화타는 사람의 장부를 손바닥을 들여다보듯 훤히 투시했다고 전한다. 이는 결코 허황된 얘기가 아니다. 마보참장은 현대적으로도 고대에서 볼 때도 혈액 순환과 경락 소통과 기혈 증강에 가장 뛰어나다.

분명히 말하지만, 현대 의학적 관점과 과학적인 분석 태도, 그리고 옛사람들의 지혜로운 안목이 복합적으로 융합되어야만 비로소 기공의 진정한 가치를 발견해 낼 수 있을 것이다. 이렇게 할 때 고목에서 새 꽃이 피고, 새 꽃이 새 결실을 맺는 걸 볼 수 있다. 분명 오래된 것에는 힘이 있다. 그에 힘입어 현대를 살아가는 우리는 자신을 더 확대시키고 더 성장시켜 갈 수 있다.

54

좋거나 나쁘거나,
단련 뒤 반응

우리가 무엇을 몰라서 곤경에 처하는 일은 드물다. 오히려 우리는 안다고 생각하지만 실제로는
모르는 것들 때문에 곤경에 빠진다. _ 조시 빌링스

기분이 한결 나아진다, 몸이 따뜻해진다, 사우나에 있는 것 같다, 침
이 많이 흘러나온다, 소화가 잘된다, 손끝이 봉숭아꽃 물들인 것처럼
붉어졌다, 손에 전류가 흐르는 것처럼 찌릿찌릿하다, 장에서 꾸르륵꾸
르륵 소리가 난다, 한쪽 손은 차갑고 한쪽 손은 뜨겁다, 피부 위로 개
미가 기어 다니는 것처럼 피부가 가렵다, 발기력이 상당히 좋아졌다,
걸음걸이가 경쾌하다, 감기 걸리는 횟수가 크게 줄었다, 가슴과 배에
서 자르르 진동이 온다, 호흡이 전보다 더 길어지고 더 깊어졌다, 피부
에 빨간 덩어리가 올라왔다.

이것은 마보참장을 단련하고 나서 나타나는 신체 반응들을 한데 모
은 것이다. 이들 중 어떤 것은 좀처럼 이해하기 힘든 것도 있다. 예로
'한쪽 손은 차갑다.'라는 것이 그것인데, 이는 몸속에 들어차 있던 차가
운 기운, 한기(寒氣)가 몸 밖으로 배출될 때 나타나는 정상 반응이다.

병든 몸을 건강한 몸으로 바꾸는
8가지 기공 비결

그리고 '피부에 빨간 덩어리가 올라왔다.'라는 것은 몸속에서 미처 빠져나가지 못하고 남아 있던 노폐물과 찌꺼기가 한데 뭉쳐서 피부로 불거져 올라오는 정상 반응에 속한다. 시간이 지나면 이것도 서서히 사라진다.

마보참장을 단련하고 나타나는 이런 신체 반응은 단련하는 사람 수만큼이나 있다 해도 과언이 아니다. 대부분의 사람들은 좋은 반응이 나타나면 기뻐하지만, 나쁜 반응이 나타나면 이내 두려움에 휩싸인다. 이는 그에 대한 정확한 이해가 없기 때문이다.

마보참장을 하면서 신체에 좋지 않은 반응이 나타나면, 그것을 마보참장 때문에 신체에 생겨난 불량 반응으로 오해해서는 안 된다. 이때는 경험이 풍부한 지도자에게 자기 신체에 나타난 반응을 물어서 의심을 떨쳐 내야 한다. 그렇게 의심을 떨쳐 내면 신체 반응은 더더욱 좋은 방향으로 전환될 수 있다. 편하고 안정된 마음이 기의 흐름을 더더욱 안정되게 바꿔 놓기 때문이다.

물론 나쁜 반응이 나타날 때도 종종 있다. 간혹 두통이나 구토 증세나 어지럼증을 호소하는 사람이 있는데, 이것은 자기 신체 상황을 고려하지 않고서 마보참장을 막무가내로 밀어붙였기 때문에 얻는 결과이다.

'욕속부달(欲速不達)'이라고 했다. 빨리 가고자 하면 오히려 더뎌진다는 뜻이다. 병을 빨리 고치려고 자기 자신의 체력과 기력을 넘어서 자신을 몰아붙인 결과, 오히려 역효과로 부작용이 나타난다. 병이 빨리 낫는 것은 당신이 애써 무리한다고 해서 얻어지는 것이 아니다. 무엇보다 병 치료에는 언제나 인내심과 기다림이 절실히 요구된다.

"병든 것은 산이 무너진 것과 같고 병을 치료하는 것은 실을 뽑는 것과 같다."라는 중국 속담이 있다. 병에 걸린 시간만큼 병의 치료에도 그만큼의 시간이 소요된다. 마음을 편안히 맑게 텅 비게 없게 하면 내부의 진기(眞氣)가 저절로 몸속의 병든 곳을 찾아내, 그것을 말끔히 치료하고 없애 준다. 당신의 기는 충분히 그럴 만한 능력이 있다. 이를 믿어도 좋다!

단련 뒤, 신체에 좋은 반응이 있든 나쁜 반응이 있든 간에 마보참장을 꾸준히 해 나가는 것이 가장 중요하다. 나쁜 반응이 일어날 때는 욕심을 부렸다는 걸 기억하고 그 욕심을 덜어낸다. 그러면 얼마 안 가 나쁜 반응들은 눈 녹듯이 서서히 사라질 것이다.

혼자 마보참장을 단련해 나가면 신체에서 일어나는 갖가지 반응에 대해 어떻게 대처해야 할지 난감한 순간에 맞닥뜨리게 된다. 따라서 마보참장은 경험이 있는, 보다 더 좋은 것은 다년간 경험을 쌓은 지도자에게서 익히는 것이 안전하고 바람직하다.

병든 몸을 건강한 몸으로 바꾸는
8가지 기공 비결

55

몇 밀리미터의 차이가
천 리를 잘못 가게 한다

아주 작은 차이가 큰 격차를 만든다. _ 이노우에 히로유키

마보참장을 할 때 주의할 것이 있다. 중국 속담에 "실지호리 료이천리(失之毫釐 遼以千里)."라는 말이 있는데, 이는 몇 밀리미터의 아주 작은 차이가 천 리를 잘못 가게 한다는 뜻이다. 대개는 작은 실수가 큰 잘못을 초래한다는 뜻으로 통용되는데, 마보참장에서도 이는 똑같이 적용된다.

마보참장의 주의 사항을 알아 두지 않으면 자칫 부작용이 나타날 수 있고, 그 부작용은 날이 갈수록 심해질 수 있다. 나중에는 너무 멀리 가 버려 아예 돌이킬 수 없는 지경에 이르고 만다. 하지만 그것을 미리 알아서 방비하고 주의한다면, 결코 천 리를 되돌아오는 우를 범하지는 않을 것이다. (이제 당신의 손에 빨간 펜을 쥐고서 아래의 6가지 항목의 중요사항에 밑줄이나 별표를 잔뜩 긋고 치기 바란다. 단, 그럴 만한 것이 있으면 말이다.)

마보참장을 할 때는 바람을 맞지 않는다. (밑줄 쳤는가? 상당히 중요하다. 별표 두 개 이상!)

이는 평소에도 마찬가지다. 바람을 직접 맞으면 바람 속의 나쁜 기운이 몸속을 오랫동안 휘젓고 돌아다니면서 몸을 헤집어 놓는다. 그 예로 몸통이나 머리 쪽에 갑자기 오한이 드는 것이 대표적이다. 이런 경우 치료에 상당히 오랜 시간이 걸린다. 중국 절강성 소주에 있는 내 경일지선 수련장에서는 단련 중 실내 환기를 할 때를 빼놓고는 되도록 창문을 닫아 놓는다.

되도록 몸을 조이는 것은 모두 풀어놓는다.

넥타이, 손목시계, 반지, 팔찌 등 몸을 죄는 것은 모두 풀어놓는 것이 온몸의 기혈 순환을 방해하지 않는다. 이것은 기혈 순환의 걸림돌을 미리미리 치워 두는 것과 같다.

마보참장할 때 피부가 가렵다고 해서 긁지 않는다.

피부가 가려운 것은 그곳으로 기혈이 몰려가고 있다는 증거이다. 이때 손으로 그곳을 박박 긁어 버리면 애써 모여든 기운이 유야무야 흩어지고 만다. 결국에는 기혈이 온몸을 막힘없이 흐르는 것을 방해하고 기맥이 뚫리는 것을 더디게 한다.

단련 뒤, 땀에 흠뻑 젖은 옷을 입고 있거나 바로 찬물로 샤워하지 않는다. 절대 그러지 마라!

의학계에서도 말하지만, 운동으로 체온이 올라갔을 때 다시 정상 체온으로 돌아오는 데는 일정한 시간이 지나야 한다. 이때 만약 땀에 흠뻑 젖은 축축한 옷을 계속 입고 있으면, 체온이 정상으로 돌아오는 것을 방해할뿐더러 땀이 식으면서 동시에 젖은 옷을 말리기 위해 몸은 마보참장으로 축적해 놓은 열과 에너지를 다량으로 소비하게 된다.

단련한 뒤에 찬물로 샤워하는 것은 금기 중의 금기인데, 이는 열린 땀구멍으로 냉기를 뼛속까지 집어넣는, 그야말로 어리석은 일 중에서 가장 어리석은 일이다. 한번 뼛속까지 스며든 냉기는 어떤 의약으로도 빼내기가 힘들다. 단련 뒤 찬물을 벌컥벌컥 마시는 것도 되도록 피해야 한다. 이는 위장에 잘 돌고 있는 온기에 찬물을 확 끼얹는 것과 같다. 되도록 미지근한 물이나 따뜻한 물을 마시는 것이 적절하다.

배가 잔뜩 부르거나 너무 고플 때는 마보참장을 단련하지 않는다.

위장에 약간의 음식이 들어 있을 때, 즉 위장에 3분의 1쯤 음식이 남아 있을 때 단련하는 것이 좋다. 너무 배부르면 음식을 소화하느라 기혈이 위장에 몰려 있어서 온몸과 사지로 기운과 혈액이 분배되기 어렵다. 또 너무 배고플 때는 몸속에 비축된 에너지를 끌어다 씀으로써 에너지 소모량이 많다. 그러니까 식사 앞뒤로 30분 간격을 두면 된다.

대·소변은 미리 해결한다.

단련 중 화장실을 들락거리면 단련의 맥이 끊긴다. 단련하다가 용의가 느껴질 때는 화장실에 가도 좋지만, 미리 해결해 두면 단련의 맥을 이어가는 데 훨씬 좋다. 또 장(腸)과 방광을 말끔히 비워 두면 몸속의 기혈 순환도 더욱 가속화된다.

몇 밀리미터의 차이가 결국에는 천 리를 거꾸로 돌아오게 하는 수고와 번거로움을 낳는다. 이를테면, 천 리 길을 가는데 길의 각도가 고작 몇 도 차이가 난다고 치자. 그럼 십 리, 백 리, 천 리가 될수록 그 각도는 더욱더 크게 벌어질 것이다. 나중엔 자신이 가고자 했던 길에서 한참 벗어나 버려 힘들게 왔던 천 리 길을 도로 되돌아가는 수밖에는 없다.

요는 작은 차이라도 결코 무시해서는 안 된다는 것이다. 작은 차이에 주의를 기울일 필요가 있다. 그건 앞으로의 결과를 백팔십도로 뒤바꿔 놓기 때문이다.

마보참장을 처음 시작하는 사람들은 이를 각별히 주의해야 한다. (당신은 여기까지 읽으면서 밑줄과 별표를 얼마나 쳤는가?)

병든 몸을 건강한 몸으로 바꾸는
8가지 기공 비결

병든 몸을
건강한 몸으로 바꾸는
8가지 기공 비결

ⓒ 이태현, 2021

초판 1쇄 발행 2021년 3월 17일

지은이   이태현
펴낸이   이기봉
편집   좋은땅 편집팀
펴낸곳   도서출판 좋은땅
주소   서울 마포구 성지길 25 보광빌딩 2층
전화   02)374-8616~7
팩스   02)374-8614
이메일   gworldbook@naver.com
홈페이지 www.g-world.co.kr

ISBN   979-11-6649-425-3 (03150)